# Ein Brief



Dies ist der Brief, den Philipp Lord Chandos, jüngerer Sohn des Earl of Bath, an Francis Bacon, später Lord Verulam und Viscount St. Albans, schrieb, um sich bei diesem Freunde wegen des gänzlichen Verzichtes auf literarische Betätigung zu entschuldigen.

Es ist gütig von Ihnen, mein hochverehrter Freund, mein zweijähriges Stillschweigen zu übersehen und so an mich zu schreiben. Es ist mehr als gütig, Ihrer Besorgnis um mich, Ihrer Befremdung über die geistige Starrnis, in der ich Ihnen zu versinken scheine, den Ausdruck der Leichtigkeit und des Scherzes zu geben, den nur große Menschen, die von der Gefährlichkeit des Lebens durchdrungen und dennoch nicht entmutigt sind, in ihrer Gewalt haben.
Sie schließen mit dem Aphorisma des Hippokrates: »Qui gravi morbo correpti dolores non sentiunt, iis mens aegrotat«[1] und meinen, ich bedürfe der Medizin nicht nur, um mein Übel zu bändigen, sondern noch mehr, um meinen Sinn für den Zustand meines Innern zu schärfen. Ich möchte Ihnen so antworten, wie Sie es um mich verdienen, möchte mich Ihnen ganz aufschließen und weiß nicht, wie ich mich dazu nehmen soll. Kaum weiß ich, ob ich noch derselbe bin, an den Ihr kostbarer Brief sich wendet; bin denn ichs, der nun Sechsundzwanzigjährige, der mit neunzehn jenen ›Neuen Paris‹, jenen ›Traum der Daphne‹, jenes ›Epithalamium‹ hinschrieb, diese unter dem Prunk ihrer Worte hintaumelnden Schäferspiele, deren eine himmlische Königin und einige allzu nachsichtige Lords und Herren sich noch zu entsinnen gnädig genug sind? Und bin ichs wiederum, der mit dreiundzwanzig unter den steinernen Lauben des großen Platzes von Venedig in sich jenes Gefüge lateinischer Perioden fand, dessen geistiger

(1)* Diejenigen, die, von schwerer Krankheit erfaßt, Schmerzen nicht spüren, haben einen kranken Geist.

Grundriß und Aufbau ihn im Innern mehr entzückte als die aus dem Meer auftauchenden Bauten des Palladio und Sansovin? Und konnte ich, wenn ich anders derselbe bin, alle Spuren und Narben dieser Ausgeburt meines angespanntesten Denkens so völlig aus meinem unbegreiflichen Innern verlieren, daß mich in Ihrem Brief, der vor mir liegt, der Titel jenes kleinen Traktates fremd und kalt anstarrt, ja daß ich ihn nicht als ein geläufiges Bild zusammengefaßter Worte sogleich auffassen, sondern nur Wort für Wort verstehen konnte, als träten mir diese lateinischen Wörter, so verbunden, zum ersten Male vors Auge? Allein ich bin es ja doch und es ist Rhetorik in diesen Fragen, Rhetorik, die gut ist für Frauen oder für das Haus der Gemeinen[2], deren von unserer Zeit so überschätzte Machtmittel aber nicht hinreichen, ins Innere der Dinge zu dringen. Mein Inneres aber muß ich Ihnen darlegen, eine Sonderbarkeit, eine Unart, wenn Sie wollen eine Krankheit meines Geistes, wenn Sie begreifen sollen, daß mich ein ebensolcher brückenloser Abgrund von den scheinbar vor mir liegenden literarischen Arbeiten trennt als von denen, die hinter mir sind und die ich, so fremd sprechen sie mich an, mein Eigentum zu nennen zögere.

Ich weiß nicht, ob ich mehr die Eindringlichkeit Ihres Wohlwollens oder die unglaubliche Schärfe Ihres Gedächtnisses bewundern soll, wenn Sie mir die verschiedenen kleinen Pläne wieder hervorrufen, mit denen ich mich in den gemeinsamen Tagen schöner Begeisterung trug. Wirklich, ich wollte die ersten Regierungsjahre unseres verstorbenen glorreichen Souveräns, des achten Heinrich, darstellen! Die hinterlassenen Aufzeichnungen meines Großvaters, des Herzogs von Exeter, über seine Negoziationen mit Frankreich und Portugal gaben mir eine Art von Grundlage. Und aus dem Sallust floß in jenen glücklichen, belebten Tagen wie durch nie verstopfte Röhren die Erkenntnis der Form in mich herüber, jener tiefen, wahren, inneren Form, die jenseits des Geheges der rhetorischen Kunststücke erst geahnt werden kann, die, von

(2)* The House of Commons (Unterhaus des engl. Parlaments).

Editionen für den Literaturunterricht
Herausgeber: Dietrich Steinbach

# Hugo von Hofmannsthal

# ›Ein Brief‹
# ›Reitergeschichte‹

## mit Materialien

Ausgewählt und eingeleitet
von Hans-Ulrich Lindken

Ernst Klett Stuttgart

[ ] Vom Herausgeber eingesetzte Titel im Materialienteil ab Seite 29.
* Vom Herausgeber eingesetzte Fußnoten.



1. Auflage 1 5 4 3 2 1 | 1985 84 83 82 81

Alle Drucke dieser Auflage können im Unterricht nebeneinander benutzt werden. Die letzte Zahl bezeichnet das Jahr dieses Druckes.

Umschlag: Zembsch' Werkstatt, München.
Fotosatz: Setzerei Lihs, Ludwigsburg.
Druck: Ludwig Auer, Donauwörth.
ISBN 3-12-351260-6

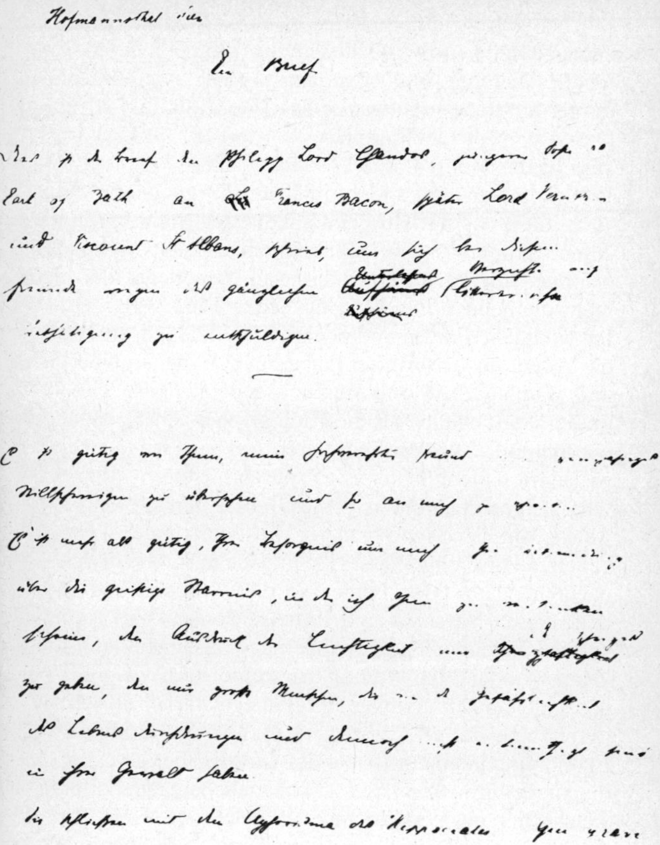

*Entnommen aus: Hugo von Hofmannsthal in der Österreichischen Nationalbibliothek, 1971. Katalog der Ausstellung, Prunksaal, 11. Juni bis 16. Oktober 1971. S. XV.*

welcher man nicht mehr sagen kann, daß sie das Stoffliche anordne, denn sie durchdringt es, sie hebt es auf und schafft Dichtung und Wahrheit zugleich, ein Widerspiel ewiger Kräfte, ein Ding, herrlich wie Musik und Algebra. Dies war mein Lieblingsplan.

Was ist der Mensch, daß er Pläne macht!

Ich spielte auch mit anderen Plänen. Ihr gütiger Brief läßt auch diese heraufschweben. Jedweder vollgesogen mit einem Tropfen meines Blutes, tanzen sie vor mir wie traurige Mücken an einer düsteren Mauer, auf der nicht mehr die helle Sonne der glücklichen Tage liegt.

Ich wollte die Fabeln und mythischen Erzählungen, welche die Alten uns hinterlassen haben und an denen die Maler und Bildhauer ein endloses und gedankenloses Gefallen finden, aufschließen als die Hieroglyphen einer geheimen, unerschöpflichen Weisheit, deren Anhauch ich manchmal, wie hinter einem Schleier, zu spüren meinte.

Ich entsinne mich dieses Planes. Es lag ihm ich weiß nicht welche sinnliche und geistige Lust zugrunde: Wie der gehetzte Hirsch ins Wasser, sehnte ich mich hinein in diese nackten, glänzenden Leiber, in diese Sirenen und Dryaden, diesen Narcissus und Proteus, Perseus und Aktäon: verschwinden wollte ich in ihnen und aus ihnen heraus mit Zungen reden. Ich wollte. Ich wollte noch vielerlei. Ich gedachte eine Sammlung ›Apophthegmata‹ anzulegen, wie deren eine Julius Cäsar verfaßt hat: Sie erinnern die Erwähnung in einem Briefe des Cicero. Hier gedachte ich die merkwürdigsten Aussprüche nebeneinanderzusetzen, welche mir im Verkehr mit den gelehrten Männern und den geistreichen Frauen unserer Zeit oder mit besonderen Leuten aus dem Volk oder mit gebildeten und ausgezeichneten Personen auf meinen Reisen zu sammeln gelungen wäre; damit wollte ich schöne Sentenzen und Reflexionen aus den Werken der Alten und der Italiener vereinigen, und was mir sonst an geistigen Zieraten in Büchern, Handschriften oder Gesprächen entgegenträte; ferner die Anordnung besonders schöner Feste und Aufzüge, merkwürdige Verbrechen und Fälle von Raserei, die Beschreibung der größten und eigentümlichsten Bauwerke in den

Niederlanden, in Frankreich und Italien und noch vieles andere. Das ganze Werk aber sollte den Titel ›Nosce te ipsum[3]‹ führen.
Um mich kurz zu fassen: Mir erschien damals in einer Art von andauernder Trunkenheit das ganze Dasein als eine große Einheit: geistige und körperliche Welt schien mir keinen Gegensatz zu bilden, ebensowenig höfisches und tierisches Wesen, Kunst und Unkunst, Einsamkeit und Gesellschaft; in allem fühlte ich Natur, in den Verirrungen des Wahnsinns ebensowohl wie in den äußersten Verfeinerungen eines spanischen Zeremoniells; in den Tölpelhaftigkeiten junger Bauern nicht minder als in den süßesten Allegorien; und in aller Natur fühlte ich mich selber; wenn ich auf meiner Jagdhütte die schäumende laue Milch in mich hineintrank, die ein struppiges Mensch einer schönen, sanftäugigen Kuh aus dem Euter in einen Holzeimer niedermolk, so war mir das nichts anderes, als wenn ich, in der dem Fenster eingebauten Bank meines studio sitzend, aus einem Folianten süße und schäumende Nahrung des Geistes in mich sog. Das eine war wie das andere; keines gab dem andern weder an traumhafter überirdischer Natur, noch an leiblicher Gewalt nach, und so gings fort durch die ganze Breite des Lebens, rechter und linker Hand; überall war ich mitten drinnen, wurde nie ein Scheinhaftes gewahr: Oder es ahnte mir, alles wäre Gleichnis und jede Kreatur ein Schlüssel der andern, und ich fühlte mich wohl den, der imstande wäre, eine nach der andern bei der Krone zu packen und mit ihr so viele der andern aufzusperren, als sie aufsperren könnte. Soweit erklärt sich der Titel, den ich jenem enzyklopädischen Buche zu geben gedachte.
Es möchte dem, der solchen Gesinnungen zugänglich ist, als der wohlangelegte Plan einer göttlichen Vorsehung erscheinen, daß mein Geist aus einer so aufgeschwollenen Anmaßung in dieses Äußerste von Kleinmut und Kraftlosigkeit zusammensinken mußte, welches nun die bleibende Verfassung meines Innern ist. Aber dergleichen religiöse Auffassungen haben keine Kraft über mich; sie gehören zu

---

(3)* Erkenne dich selbst.

den Spinnennetzen, durch welche meine Gedanken hindurchschießen, hinaus ins Leere, während so viele ihrer Gefährten dort hangenbleiben und zu einer Ruhe kommen. Mir haben sich die Geheimnisse des Glaubens zu einer erhabenen Allegorie verdichtet, die über den Feldern meines Lebens steht wie ein leuchtender Regenbogen, in einer stetigen Ferne, immer bereit, zurückzuweichen, wenn ich mir einfallen ließe hinzueilen und mich in den Saum seines Mantels hüllen zu wollen.

Aber, mein verehrter Freund, auch die irdischen Begriffe entziehen sich mir in der gleichen Weise. Wie soll ich es versuchen, Ihnen diese seltsamen geistigen Qualen zu schildern, dies Emporschnellen der Fruchtzweige über meinen ausgereckten Händen, dies Zurückweichen des murmelnden Wassers vor meinen dürstenden Lippen?

Mein Fall ist, in Kürze, dieser: Es ist mir völlig die Fähigkeit abhanden gekommen, über irgend etwas zusammenhängend zu denken oder zu sprechen.

Zuerst wurde es mir allmählich unmöglich, ein höheres oder allgemeineres Thema zu besprechen und dabei jene Worte in den Mund zu nehmen, deren sich doch alle Menschen ohne Bedenken geläufig zu bedienen pflegen. Ich empfand ein unerklärliches Unbehagen, die Worte »Geist«, »Seele« oder »Körper« nur auszusprechen. Ich fand es innerlich unmöglich, über die Angelegenheiten des Hofes, die Vorkommnisse im Parlament, oder was Sie sonst wollen, ein Urteil herauszubringen. Und dies nicht etwa aus Rücksichten irgendwelcher Art, denn Sie kennen meinen bis zur Leichtfertigkeit gehenden Freimut: sondern die abstrakten Worte, deren sich doch die Zunge naturgemäß bedienen muß, um irgendwelches Urteil an den Tag zu geben, zerfielen mir im Munde wie modrige Pilze. Es begegnete mir, daß ich meiner vierjährigen Tochter Katharina Pompilia eine kindische Lüge, deren sie sich schuldig gemacht hatte, verweisen und sie auf die Notwendigkeit, immer wahr zu sein, hinführen wollte, und dabei die mir im Munde zuströmenden Begriffe plötzlich eine solche schillernde Färbung annahmen und so ineinander überflossen, daß ich den Satz, so gut es ging, zu Ende haspelnd, so wie wenn mir unwohl geworden wäre und auch tatsächlich bleich im Gesicht und mit einem heftigen Druck auf der Stirn, das Kind allein ließ, die Tür hinter mir zuschlug und mich erst zu Pferde, auf der einsamen Hutweide einen guten Galopp nehmend, wieder einigermaßen herstellte.

Allmählich aber breitete sich diese Anfechtung aus wie ein um sich fressender Rost. Es wurden mir auch im familiären und hausbackenen Gespräch alle die Urteile, die leichthin und mit schlafwandelnder Sicherheit abgegeben zu werden pflegen, so bedenklich, daß ich aufhören mußte, an solchen Gesprächen irgend teilzunehmen. Mit einem unerklärlichen Zorn, den ich nur mit Mühe notdürftig verbarg, erfüllte es mich, dergleichen zu hören, wie: diese Sache ist für den oder jenen gut oder schlecht ausgegangen; Sheriff N. ist ein böser, Prediger T. ein guter Mensch; Pächter M. ist zu bedauern, seine Söhne sind Verschwender; ein anderer ist zu beneiden, weil seine Töchter haushälterisch sind; eine Familie kommt in die Höhe, eine andere ist im Hinabsinken. Dies alles erschien mir so unbeweisbar, so lügenhaft, so löcherig wie nur möglich. Mein Geist zwang mich, alle Dinge, die in einem solchen Gespräch vorkamen, in einer unheimlichen Nähe zu sehen: so wie ich einmal in einem Vergrößerungsglas ein Stück von der Haut meines kleinen Fingers gesehen hatte, das einem Blachfeld mit Furchen und Höhlen glich, so ging es mir nun mit den Menschen und ihren Handlungen. Es gelang mir nicht mehr, sie mit dem vereinfachenden Blick der Gewohnheit zu erfassen. Es zerfiel mir alles in Teile, die Teile wieder in Teile, und nichts mehr ließ sich mit einem Begriff umspannen. Die einzelnen Worte schwammen um mich; sie gerannen zu Augen, die mich anstarrten und in die ich wieder hineinstarren muß: Wirbel sind sie, in die hinabzusehen mich schwindelt, die sich unaufhaltsam drehen und durch die hindurch man ins Leere kommt.

Ich machte einen Versuch, mich aus diesem Zustand in die geistige Welt der Alten hinüberzuretten. Platon vermied ich; denn mir graute vor der Gefährlichkeit seines bildlichen Fluges. Am meisten gedachte ich mich an Seneca und Cicero zu halten. An dieser Harmonie begrenzter und geordneter Begriffe hoffte ich zu gesunden. Aber ich konnte nicht zu ihnen hinüber. Diese Begriffe, ich verstand sie wohl: ich sah ihr wundervolles Verhältnisspiel vor mir aufsteigen wie herrliche Wasserkünste, die mit goldenen Bällen spielen. Ich konnte sie umschweben und sehen, wie sie zueinander spielten; aber sie hatten es nur miteinander zu tun, und das Tiefste, das Persönliche meines Denkens, blieb von ihrem Reigen ausgeschlossen. Es überkam mich unter ihnen das Gefühl furchtbarer Einsamkeit; mir war zumut wie einem, der in einem Garten mit lauter augenlosen Statuen eingesperrt wäre; ich flüchtete wieder ins Freie.

Seither führe ich ein Dasein, das Sie, fürchte ich, kaum begreifen können, so geistlos, so gedankenlos fließt es dahin; ein Dasein, das sich freilich von dem meiner Nachbarn, meiner Verwandten und der meisten landbesitzenden Edelleute dieses Königreiches kaum unterscheidet und das nicht ganz ohne freudige und belebende Augenblicke ist. Es wird mir nicht leicht, Ihnen anzudeuten, worin diese guten Augenblicke bestehen; die Worte lassen mich wiederum im Stich. Denn es ist ja etwas völlig Unbenanntes und auch wohl kaum Benennbares, das in solchen Augenblicken, irgendeine Erscheinung meiner alltäglichen Umgebung mit einer überschwellenden Flut höheren Lebens wie ein Gefäß erfüllend, mir sich ankündet. Ich kann nicht erwarten, daß Sie mich ohne Beispiel verstehen, und ich muß Sie um Nachsicht für die Albernheit meiner Beispiele bitten. Eine Gießkanne, eine auf dem Felde verlassene Egge, ein Hund in der Sonne, ein ärmlicher Kirchhof, ein Krüppel, ein kleines Bauernhaus, alles dies kann das Gefäß meiner Offenbarung werden. Jeder dieser Gegenstände und die tausend anderen ähnlichen, über die sonst ein Auge mit selbstverständlicher Gleichgültigkeit hinweggleitet, kann für mich plötzlich in irgendeinem Moment, den herbeizuführen auf keine Weise in meiner Gewalt steht, ein erhabenes und rührendes Gepräge annehmen, das auszudrücken mir alle Worte zu arm scheinen. Ja, es kann auch die bestimmte Vorstellung eines abwesenden Gegenstandes sein, dem die unbegreifliche Auserwählung zuteil wird, mit jener sanft und jäh steigenden Flut göttlichen Gefühles bis an den Rand gefüllt zu werden. So hatte ich unlängst den Auftrag gegeben, den Ratten in den Milchkellern eines meiner Meierhöfe ausgiebig Gift zu streuen. Ich ritt gegen Abend aus und dachte, wie Sie vermuten können, nicht weiter an die Sache. Da, wie ich im tiefen, aufgeworfenen Ackerboden Schritt reite, nichts Schlimmeres in meiner Nähe als eine aufgescheuchte Wachtelbrut und in der Ferne über den welligen Feldern die große sinkende Sonne, tut sich mir im Innern plötzlich dieser Keller auf, erfüllt mit dem Todeskampf dieses Volks von Ratten. Alles war in mir: die mit dem süßlich scharfen Geruch des Giftes angefüllte kühldumpfe Kellerluft und das Gellen der Todesschreie, die sich an modrigen Mauern brachen; diese ineinander geknäulten Krämpfe der Ohnmacht, durcheinander hinjagenden Verzweiflungen; das wahnwitzige Suchen der Ausgänge; der kalte Blick der Wut, wenn zwei einander an der verstopften Ritze begegnen. Aber was versuche ich wiederum Worte, die ich verschworen habe! Sie entsinnen sich, mein Freund, der wundervollen Schilderung von den Stunden, die der Zerstörung von Alba Longa vorhergehen, aus dem Livius? Wie sie die Straßen durchirren, die sie nicht mehr sehen sollen ... wie sie von den Steinen des Bodens Abschied nehmen. Ich sage Ihnen, mein Freund, dieses trug ich in mir und das brennende Karthago zugleich; aber es war mehr, es war göttlicher, tierischer; und es war Gegenwart, die vollste erhabenste Gegenwart. Da war eine Mutter, die ihre sterbenden Jungen um sich zucken hatte und nicht auf die Verendenden, nicht auf die unerbittlichen steinernen Mauern, sondern in die leere Luft, oder durch die Luft ins Unendliche hin Blicke schickte und diese Blicke mit einem Knirschen begleitete! – Wenn ein dienender Sklave voll ohnmächtigen Schauders in der Nähe der erstarrenden Niobe stand, der muß das durchgemacht haben, was ich durchmachte, als in mir die Seele dieses Tieres gegen das ungeheure Verhängnis die Zähne bleckte.

Vergeben Sie mir diese Schilderung, denken Sie aber nicht,

daß es Mitleid war, was mich erfüllte. Das dürfen Sie ja nicht denken, sonst hätte ich mein Beispiel sehr ungeschickt gewählt. Es war viel mehr und viel weniger als Mitleid: ein ungeheures Anteilnehmen, ein Hinüberfließen in jene Geschöpfe oder ein Fühlen, daß ein Fluidum des Lebens und Todes, des Traumes und Wachens für einen Augenblick in sie hinübergeflossen ist – von woher? Denn was hätte es mit Mitleid zu tun, was mit begreiflicher menschlicher Gedankenverknüpfung, wenn ich an einem anderen Abend unter einem Nußbaum eine halbvolle Gießkanne finde, die ein Gärtnerbursche dort vergessen hat, und wenn mich diese Gießkanne und das Wasser in ihr, das vom Schatten des Baumes finster ist, und ein Schwimmkäfer, der auf dem Spiegel dieses Wassers von einem dunklen Ufer zum andern rudert, wenn diese Zusammensetzung von Nichtigkeiten mich mit einer solchen Gegenwart des Unendlichen durchschauert, von den Wurzeln der Haare bis ins Mark der Fersen mich durchschauert, daß ich in Worte ausbrechen möchte, von denen ich weiß, fände ich sie, so würden sie jene Cherubim, an die ich nicht glaube, niederzwingen, und daß ich dann von jener Stelle schweigend mich wegkehre und nach Wochen, wenn ich dieses Nußbaums ansichtig werde, mit scheuem seitlichen Blick daran vorübergehe, weil ich das Nachgefühl des Wundervollen, das dort um den Stamm weht, nicht verscheuchen will, nicht vertreiben die mehr als irdischen Schauer, die um das Buschwerk in jener Nähe immer noch nachwogen. In diesen Augenblicken wird eine nichtige Kreatur, ein Hund, eine Ratte, ein Käfer, ein verkümmerter Apfelbaum, ein sich über den Hügel schlängelnder Karrenweg, ein moosbewachsener Stein mir mehr, als die schönste, hingebendste Geliebte der glücklichsten Nacht mir je gewesen ist. Diese stummen und manchmal unbelebten Kreaturen heben sich mir mit einer solchen Fülle, einer solchen Gegenwart der Liebe entgegen, daß mein beglücktes Auge auch ringsum auf keinen toten Fleck zu fallen vermag. Es erscheint mir alles, alles, was es gibt, alles, dessen ich mich entsinne, alles, was meine verworrensten Gedanken berühren, etwas zu sein. Auch die eigene

Schwere, die sonstige Dumpfheit meines Hirnes erscheint mir als etwas; ich fühle ein entzückendes, schlechthin unendliches Widerspiel in mir und um mich, und es gibt unter den gegeneinanderspielenden Materien keine, in die ich nicht hinüberzufließen vermöchte. Es ist mir dann, als bestünde mein Körper aus lauter Chiffern, die mir alles aufschließen. Oder als könnten wir in ein neues, ahnungsvolles Verhältnis zum ganzen Dasein treten, wenn wir anfingen, mit dem Herzen zu denken. Fällt aber diese sonderbare Bezauberung von mir ab, so weiß ich nichts darüber auszusagen; ich könnte dann ebensowenig in vernünftigen Worten darstellen, worin diese mich und die ganze Welt durchwebende Harmonie bestanden und wie sie sich mir fühlbar gemacht habe, als ich ein Genaueres über die inneren Bewegungen meiner Eingeweide oder die Stauungen meines Blutes anzugeben vermöchte.

Von diesen sonderbaren Zufällen abgesehen, von denen ich übrigens kaum weiß, ob ich sie dem Geist oder dem Körper zurechnen soll, lebe ich ein Leben von kaum glaublicher Leere und habe Mühe, die Starre meines Innern vor meiner Frau und vor meinen Leuten die Gleichgültigkeit zu verbergen, welche mir die Angelegenheiten des Besitzes einflößen. Die gute und strenge Erziehung, welche ich meinem seligen Vater verdanke, und die frühzeitige Gewöhnung, keine Stunde des Tages unausgefüllt zu lassen, sind es, scheint mir, allein, welche meinem Leben nach außen hin einen genügenden Halt und den meinem Stande und meiner Person angemessenen Anschein bewahren.

Ich baue einen Flügel meines Hauses um und bringe es zustande, mich mit dem Architekten hie und da über die Fortschritte seiner Arbeit zu unterhalten; ich bewirtschafte meine Güter, und meine Pächter und Beamten werden mich wohl etwas wortkarger, aber nicht ungütiger als früher finden. Keiner von ihnen, der mit abgezogener Mütze vor seiner Haustür steht, wenn ich abends vorüberreite, wird eine Ahnung haben, daß mein Blick, den er respektvoll aufzufangen gewohnt ist, mit stiller Sehnsucht über die morschen Bretter hinstreicht, unter denen er nach den Regenwürmern zum Angeln zu suchen pflegt, durchs enge, vergitterte Fenster in die dumpfe Stube taucht, wo in der Ecke das niedrige Bett mit bunten Laken immer auf einen zu warten scheint, der sterben will, oder auf einen, der geboren werden soll; daß mein Auge lange an den häßlichen jungen Hunden hängt oder an der Katze, die geschmeidig zwischen Blumenscherben durchkriecht, und daß es unter all den ärmlichen und plumpen Gegenständen einer bäurischen Lebensweise nach jenem einem sucht, dessen unscheinbare Form, dessen von niemand beachtetes Daliegen oder -lehnen, dessen stumme Wesenheit zur Quelle jenes rätselhaften, wortlosen, schrankenlosen Entzückens werden kann. Denn mein unbenanntes seliges Gefühl wird eher aus einem fernen, einsamen Hirtenfeuer mir hervorbrechen als aus dem Anblick des gestirnten Himmels; eher aus dem Zirpen einer letzten, dem Tode nahen Grille, wenn schon der Herbstwind winterliche Wolken über die öden Felder hintreibt, als aus dem majestätischen Dröhnen der Orgel. Und ich vergleiche mich manchmal in Gedanken mit jenem Crassus, dem Redner, von dem berichtet wird, daß er eine zahme Muräne, einen dumpfen, rotäugigen, stummen Fisch seines Zierteiches, so über alle Maßen liebgewann, daß es zum Stadtgespräch wurde; und als ihm einmal im Senat Domitius vorwarf, er habe über den Tod dieses Fisches Tränen vergossen, und ihn dadurch als einen halben Narren hinstellen wollte, gab ihm Crassus zur Antwort: »So habe ich beim Tode meines Fisches getan, was Ihr weder bei Eurer ersten noch Eurer zweiten Frau Tod getan habt.«

Ich weiß nicht, wie oft mir dieser Crassus mit seiner Muräne als ein Spiegelbild meines Selbst, über den Abgrund der Jahrhunderte hergeworfen, in den Sinn kommt. Nicht aber wegen dieser Antwort, die er dem Domitius gab. Die Antwort brachte die Lacher auf seine Seite, so daß die Sache in einen Witz aufgelöst war. Mir aber geht die Sache nahe, die Sache, welche dieselbe geblieben wäre, auch wenn Domitius um seine Frauen blutige Tränen des aufrichtigsten Schmerzes geweint hätte.

Dann stünde ihm noch immer Crassus gegenüber, mit seinen Tränen um seine Muräne. Und über diese Figur, deren Lächerlichkeit und Verächtlichkeit mitten in einem die erhabensten Dinge beratenden, weltbeherrschenden Senat so ganz ins Auge springt, über diese Figur zwingt mich ein unnennbares Etwas in einer Weise zu denken, die mir vollkommen töricht erscheint, im Augenblick, wo ich versuche sie in Worten auszudrücken.

Das Bild dieses Crassus ist zuweilen nachts in meinem Hirn, wie ein Splitter, um den herum alles schwärt, pulst und kocht. Es ist mir dann, als geriete ich selber in Gärung, würfe Blasen auf, wallte und funkelte. Und das Ganze ist eine Art fieberisches Denken, aber Denken in einem Material, das unmittelbarer, flüssiger, glühender ist als Worte. Es sind gleichfalls Wirbel, aber solche, die nicht wie die Wirbel der Sprache ins Bodenlose zu führen scheinen, sondern irgendwie in mich selber und in den tiefsten Schoß des Friedens.

Ich habe Sie, mein verehrter Freund, mit dieser ausgebreiteten Schilderung eines unerklärlichen Zustandes, der gewöhnlich in mir verschlossen bleibt, über Gebühr belästigt.

Sie waren so gütig, Ihre Unzufriedenheit darüber zu äußern, daß kein von mir verfaßtes Buch mehr zu Ihnen kommt, »Sie für das Entbehren meines Umganges zu entschädigen«. Ich fühlte in diesem Augenblick mit einer Bestimmtheit, die nicht ganz ohne ein schmerzliches Beigefühl war, daß ich auch im kommenden und im folgenden und in allen Jahren dieses meines Lebens kein englisches und kein lateinisches Buch schreiben werde: und dies aus dem einen Grund, dessen mir peinliche Seltsamkeit mit ungeblendetem Blick dem vor Ihnen harmonisch ausgebreiteten Reiche der geistigen und leiblichen Erscheinungen an seiner Stelle einzuordnen ich Ihrer unendlichen geistigen Überlegenheit überlasse: nämlich weil die Sprache, in welcher nicht nur zu schreiben, sondern auch zu denken mir vielleicht gegeben wäre, weder die lateinische noch die englische noch die italienische und spanische ist, sondern eine Sprache, von deren Worten mir auch nicht eines bekannt ist, eine Sprache, in welcher die stummen Dinge zu mir sprechen und in welcher ich vielleicht einst im Grabe vor einem unbekannten Richter mich verantworten werde.

Ich wollte, es wäre mir gegeben, in die letzten Worte dieses voraussichtlich letzten Briefes, den ich an Francis Bacon schreibe, alle die Liebe und Dankbarkeit, alle die ungemessene Bewunderung zusammenzupressen, die ich für den größten Wohltäter meines Geistes, für den ersten Engländer meiner Zeit im Herzen hege und darin hegen werde, bis der Tod es bersten macht.

A. D. 1603, diesen 22. August.

Phi. Chandos

# Reitergeschichte

Den 22. Juli 1848, vor 6 Uhr morgens, verließ ein Streifkommando, die zweite Eskadron von Wallmodenkürassieren, Rittmeister Baron Rofrano mit 107 Reitern, das Kasino San Alessandro und ritt gegen Mailand. Über der freien, glänzenden Landschaft lag eine unbeschreibliche Stille; von den Gipfeln der fernen Berge stiegen Morgenwolken wie stille Rauchwolken gegen den leuchtenden Himmel; der Mais stand regungslos, und zwischen Baumgruppen, die aussahen wie gewaschen, glänzten Landhäuser und Kirchen her. Kaum hatte das Streifkommando die äußerste Vorpostenlinie der eigenen Armee etwa um eine Meile hinter sich gelassen, als zwischen den Maisfeldern Waffen aufblitzten und die Avantgarde feindliche Fußtruppen meldete. Die Schwadron formierte sich neben der Landstraße zur Attacke, wurde von eigentümlich lauten, fast miauenden Kugeln überschwirrt, attackierte querfeldein und trieb einen Trupp ungleichmäßig bewaffneter Menschen wie die Wachteln vor sich her. Es waren Leute der Legion Manaras, mit sonderbaren Kopfbedeckungen. Die Gefangenen wurden einem Korporal und acht Gemeinen übergeben und nach rückwärts geschickt. Vor einer schönen Villa, deren Zufahrt uralte Zypressen flankierten, meldete die Avantgarde verdächtige Gestalten. Der Wachtmeister Anton Lerch saß ab, nahm zwölf mit Karabinern bewaffnete Leute, umstellte die Fenster und nahm achtzehn Studenten der Pisaner Legion gefangen, wohlerzogene und hübsche junge Leute mit weißen Händen und halblangem Haar. Eine halbe Stunde später hob die Schwadron einen Mann auf, der in der Tracht eines Bergamasken[1] vorüberging und durch sein allzu harmloses und unscheinbares Auftreten verdächtig wurde. Der Mann trug im Rockfutter eingenäht die wichtigsten Detailpläne, die Errichtung von Freikorps in den Giudikarien und deren

(1)* Bewohner von Bergamo.

Kooperation mit der piemontesischen Armee betreffend. Gegen 10 Uhr vormittags fiel dem Streifkommando eine Herde Vieh in die Hände. Unmittelbar nachher stellte sich ihm ein starker feindlicher Trupp entgegen und beschoß die Avantgarde von einer Friedhofsmauer aus. Der Tete-Zug des Leutnants Grafen Trautsohn übersprang die niedrige Mauer und hieb zwischen den Gräbern auf die ganz verwirrten Feindlichen ein, von denen ein großer Teil in die Kirche und von dort durch die Sakristeitür in ein dichtes Gehölz sich rettete. Die siebenundzwanzig neuen Gefangenen meldeten sich als neapolitanische Freischaren unter päpstlichen Offizieren. Die Schwadron hatte einen Toten. Einer das Gehölz umreitenden Rotte, bestehend aus dem Gefreiten Wotrubek und den Dragonern Holl und Haindl, fiel eine mit zwei Ackergäulen bespannte leichte Haubitze in die Hände, indem sie auf die Bedeckung einhieben und die Gäule am Kopfzeug packten und umwendeten. Der Gefreite Wotrubek wurde als leicht verwundet mit der Meldung der bestandenen Gefechte und anderer Glücksfälle ins Hauptquartier zurückgeschickt, die Gefangenen gleichfalls nach rückwärts transportiert, die Haubitze aber von der nach abgegebener Eskorte noch 78 Reiter zählenden Eskadron mitgenommen.

Nachdem laut übereinstimmender Aussagen der verschiedenen Gefangenen die Stadt Mailand von den feindlichen sowohl regulären als irregulären Truppen vollständig verlassen, auch von allem Geschütz und Kriegsvorrat entblößt war, konnte der Rittmeister sich selbst und der Schwadron nicht versagen, in diese große und schöne, wehrlos daliegende Stadt einzureiten. Unter dem Geläute der Mittagsglocken, der Generalmarsch von den vier Trompeten hinaufgeschmettert in den stählern funkelnden Himmel, an tausend Fenstern hinklirrend und zurückgeblitzt auf achtundsiebzig Kürasse, achtundsiebzig aufgestemmte nackte Klingen; Straße rechts, Straße links wie ein aufgewühlter Ameishaufen sich füllend mit staunenden Gesichtern; fluchende und erbleichende Gestalten hinter Haustoren verschwindend, verschlafene Fenster aufgerissen von den entblößten Armen schöner Unbekannter; vorbei an Santa

Babila, an San Fedele, an San Carlo, am weltberühmten marmornen Dom, an San Satiro, San Giorgio, San Lorenzo, San Eustorgio; deren uralte Erztore alle sich auftuend und unter Kerzenschein und Weihnachtsqualm silberne Heilige und brokatgekleidete strahlenäugige Frauen hervorwinkend; aus tausend Dachkammern, dunklen Torbogen, niedrigen Butiken Schüsse zu gewärtigen, und immer wieder nur halbwüchsige Mädchen und Buben, die weißen Zähne und dunklen Haare zeigend; vom trabenden Pferde herab funkelnden Auges auf alles dies hervorblickend aus einer Larve von blutgesprengtem Staub; zur Porta Venezia hinein, zur Porta Ticinese wieder hinaus: so ritt die schöne Schwadron durch Mailand.

Nicht weit vom letztgenannten Stadttor, wo sich ein mit hübschen Platanen bewachsenes Glacis erstreckte, glaubte der Wachtmeister Anton Lerch am ebenerdigen Fenster eines neugebauten hellgelben Hauses ein ihm bekanntes weibliches Gesicht zu sehen. Neugierde bewog ihn, sich im Sattel umzuwenden, und da er gleichzeitig aus einigen steifen Tritten seines Pferdes vermutete, es hätte in eines der vorderen Eisen einen Straßenstein eingetreten, er auch an der Queue der Eskadron ritt und ohne Störung aus dem Gliede konnte, so bewog ihn alles dies zusammen, abzusitzen, und zwar, nachdem er geradezu das Vorderteil seines Pferdes in den Flur des betreffenden Hauses gelenkt hatte. Kaum hatte er hier den zweiten weißgestiefelten Vorderfuß seines Braunen in die Höhe gehoben, um den Huf zu prüfen, als wirklich eine aus dem Innern des Hauses ganz vorne in den Flur mündende Zimmertür aufging und in einem etwas zerstörten Morgenanzug eine üppige, beinahe noch junge Frau sichtbar wurde, hinter ihr aber ein helles Zimmer mit Gartenfenstern, worauf ein paar Töpfchen Basilikum und rote Pelargonien, ferner mit einem Mahagonischrank und einer mythologischen Gruppe aus Biskuit dem Wachtmeister sich zeigte, während seinem scharfen Blick noch gleichzeitig in einem Pfeilerspiegel die Gegenwand des Zimmers sich verriet, ausgefüllt von einem großen weißen Bette und einer Tapetentür, durch welche sich ein beleibter, vollständig rasierter älterer Mann im Augenblicke zurückzog.

Indem aber dem Wachtmeister der Name der Frau einfiel und gleichzeitig eine Menge anderes: daß es die Witwe oder geschiedene Frau eines kroatischen Rechnungsunteroffiziers war, daß er mit ihr vor neun oder zehn Jahren in Wien in Gesellschaft eines anderen, ihres damaligen eigentlichen Liebhabers, einige Abende und halbe Nächte verbracht hatte, suchte er nun mit den Augen unter ihrer jetzigen Fülle die damalige üppig-magere Gestalt wieder hervorzuziehen. Die Dastehende aber lächelte ihn in einer halb geschmeichelten slawischen Weise an, die ihm das Blut in den starken Hals und unter die Augen trieb, während eine gewisse gezierte Manier, mit der sie ihn anredete, sowie auch der Morgenanzug und die Zimmereinrichtung ihn einschüchterten. Im Augenblick aber, während er mit etwas schwerfälligem Blick einer großen Fliege nachsah, die über den Haarkamm der Frau lief, und äußerlich auf nichts achtete, als wie er seine Hand, diese Fliege zu scheuchen, sogleich auf den weißen, warm und kühlen Nacken legen würde, erfüllte ihn das Bewußtsein der heute bestandenen Gefechte und anderer Glücksfälle von oben bis unten, so daß er ihren Kopf mit schwerer Hand nach vorwärts drückte und dazu sagte: »Vuic« – diesen ihren Namen hatte er gewiß seit 10 Jahren nicht wieder in den Mund genommen und ihren Taufnamen vollständig vergessen –, »in acht Tagen rücken wir ein, und dann wird das da mein Quartier«, auf die halboffene Zimmertür deutend. Unter dem hörte er im Hause mehrfach Türen zuschlagen, fühlte sich von seinem Pferde, zuerst durch stummes Zerren am Zaum, dann, indem es laut den anderen nachwieherte, fortgedrängt, saß auf und trabte der Schwadron nach, ohne von der Vuic eine andere Antwort als ein verlegenes Lachen mit in den Nacken gezogenem Kopf mitzunehmen. Das ausgesprochene Wort aber machte seine Gewalt geltend. Seitwärts der Rottenkolonne, einen nicht mehr frischen Schritt reitend, unter der schweren metallischen Glut des Himmels, den Blick in der mitwandernden Staubwolke verfangen, lebte sich der

Wachtmeister immer mehr in das Zimmer mit den Mahagonimöbeln und den Basilikumtöpfen hinein und zugleich in eine Zivilatmosphäre, durch welche doch das Kriegsmäßige durchschimmerte, eine Atmosphäre von Behaglichkeit und angenehmer Gewalttätigkeit ohne Dienstverhältnis, eine Existenz in Hausschuhen, den Korb des Säbels durch die linke Tasche des Schlafrockes durchgesteckt. Und der rasierte, beleibte Mann, der durch die Tapetentür verschwunden war, ein Mittelding zwischen Geistlichem und pensioniertem Kammerdiener, spielte darin eine bedeutende Rolle, fast mehr noch als das schöne breite Bett und die feine weiße Haut der Vuic. Der Rasierte nahm bald die Stelle eines vertraulich behandelten, etwas unterwürfigen Freundes ein, der Hoftratsch erzählte, Tabak und Kapaune brachte, bald wurde er an die Wand gedrückt, mußte Schweiggelder zahlen, stand mit allen möglichen Umtrieben in Verbindung, war piemontesischer Vertrauter, päpstlicher Koch, Kuppler, Besitzer verdächtiger Häuser mit dunklen Gartensälen für politische Zusammenkünfte, und wuchs zu einer schwammigen Riesengestalt, der man an zwanzig Stellen Spundlöcher in den Leib schlagen und statt Blut Gold abzapfen konnte.

Dem Streifkommando begegnete in den Nachmittagsstunden nichts Neues, und die Träumereien des Wachtmeisters erfuhren keine Hemmungen. Aber in ihm war ein Durst nach unerwartetem Erwerb, nach Gratifikationen, nach plötzlich in die Tasche fallenden Dukaten rege geworden. Denn der Gedanke an das bevorstehende erste Eintreten in das Zimmer mit den Mahagonimöbeln war der Splitter im Fleisch, um den herum alles von Wünschen und Begierden schwärte.

Als nun gegen Abend das Streifkommando mit gefütterten und halbwegs ausgerasteten Pferden in einem Bogen gegen Lodi und die Addabrücke vorzudringen suchte, wo denn doch Fühlung mit dem Feind sehr zu gewärtigen war, schien dem Wachtmeister ein von der Landstraße abliegendes Dorf, mit halbverfallenem Glockenturm in einer dunkelnden Mulde gelagert, auf verlockende Weise verdächtig, so daß er, die Gemeinen Holl und Scarmolin zu sich winkend, mit diesen beiden vom Marsche der Eskadron seitlich abbog und in dem Dorfe geradezu einen feindlichen General mit geringer Bedeckung zu überraschen und anzugreifen oder anderswie ein ganz außerordentliches Prämium zu verdienen hoffte, so aufgeregt war seine Einbildung. Vor dem elenden, scheinbar verödeten Nest angelangt, befahl er dem Scarmolin links, dem Holl rechts die Häuser außen zu umreiten, während er selbst, Pistole in der Faust, die Straße durchzugaloppieren sich anschickte, bald aber, harte Steinplatten unter sich fühlend, auf welchen noch dazu irgendein glitschriges Fett ausgegossen war, sein Pferd in Schritt parieren mußte. Das Dorf blieb totenstill; kein Kind, kein Vogel, kein Lufthauch. Rechts und links standen schmutzige kleine Häuser, von deren Wänden der Mörtel abgefallen war; auf den nackten Ziegeln war hie und da etwas Häßliches mit Kohle gezeichnet; zwischen bloßgelegten Türpfosten ins Innere schauend, sah der Wachtmeister hie und da eine faule, halbnackte Gestalt auf einer Bettstatt lungern oder schleppend, wie mit ausgerenkten Hüften, durchs Zimmer gehen. Sein Pferd ging schwer und schob die Hinterbeine mühsam unter, wie wenn sie von Blei wären. Indem er sich umwendete und bückte, um nach dem rückwärtigen Eisen zu sehen, schlürften Schritte aus einem Hause, und da er sich aufrichtete, ging dicht vor seinem Pferde eine Frauensperson, deren Gesicht er nicht sehen konnte. Sie war nur halb angekleidet; ihr schmutziger, abgerissener Rock von geblümter Seide schleppte im Rinnsal, ihre nackten Füße staken in schmutzigen Pantoffeln; sie ging so dicht vor dem Pferde, daß der Hauch aus den Nüstern den fettig glänzenden Lockenbund bewegte, der ihr unter einem alten Strohhute in den entblößten Nacken hing, und doch ging sie nicht schneller und wich dem Reiter nicht aus. Unter einer Türschwelle zur Linken rollten zwei ineinander verbissene blutende Ratten in die Mitte der Straße, von denen die unterliegende so jämmerlich aufschrie, daß das Pferd des Wachtmeisters sich verhielt und mit schiefem Kopf und hörbarem Atem gegen den Boden stierte. Ein Schenkeldruck brachte es wieder vorwärts, und nun war die Frau in einem Hausflur verschwunden, ohne daß der Wachtmeister hatte ihr Gesicht sehen können. Aus dem nächsten Hause lief eilfertig mit gehobenem Kopfe ein Hund heraus, ließ einen Knochen in der Mitte der Straße fallen und versuchte ihn in einer Fuge des Pflasters zu verscharren. Es war eine weiße unreine Hündin mit hängenden Zitzen; mit teuflischer Hingabe scharrte sie, packte dann den Knochen mit den Zähnen und trug ihn ein Stück weiter. Indessen sie wieder zu scharren anfing, waren schon drei Hunde bei ihr: zwei waren sehr jung, mit weichen Knochen und schlaffer Haut; ohne zu bellen und ohne beißen zu können, zogen sie einander mit stumpfen Zähnen an den Lefzen. Der Hund, der zugleich mit ihnen gekommen war, war ein lichtgelbes Windspiel von so aufgeschwollenem Leib, daß es nur ganz langsam auf den vier dünnen Beinen sich weitertragen konnte. An dem dicken wie eine Trommel gespannten Leib erschien der Kopf viel zu klein; in den kleinen ruhelosen Augen war ein entsetzlicher Ausdruck von Schmerz und Beklemmung. Sogleich sprangen noch zwei Hunde hinzu: ein magerer, weißer, von äußerst gieriger Häßlichkeit, dem schwarze Rinnen von den entzündeten Augen herunterliefen, und ein schlechter Dachshund auf hohen Beinen. Dieser hob seinen Kopf gegen den Wachtmeister und schaute ihn an. Er mußte sehr alt sein. Seine Augen waren unendlich müde und traurig. Die Hündin aber lief in blöder Hast vor dem Reiter hin und her; die beiden jungen schnappten lautlos mit ihrem weichen Maul nach den Fesseln des Pferdes, und das Windspiel schleppte seinen entsetzlichen Leib hart vor den Hufen. Der Braune konnte keinen Schritt mehr tun. Als aber der Wachtmeister seine Pistole auf eines der Tiere abdrücken wollte und die Pistole versagte, gab er dem Pferde beide Sporen und dröhnte über das Steinpflaster hin. Nach wenigen Sätzen aber mußte er das Pferd scharf parieren. Denn hier sperrte eine Kuh den Weg, die ein Bursche mit gespanntem Strick zur Schlachtbank zerrte. Die Kuh aber, von dem Dunst des Blutes und der an den Türpfosten genagelten frischen Haut eines schwarzen Kalbes zurückschaudernd, stemmte sich auf ihren Füßen, sog mit geblähten Nüstern den rötlichen Sonnendunst des Abends in sich und riß sich, bevor der Bursche sie mit Prügel und Strick hinüberbekam, mit kläglichen Augen noch ein Maulvoll von dem Heu ab, das der Wachtmeister vorne am Sattel befestigt hatte. Er hatte nun das letzte Haus des Dorfes hinter sich und konnte, zwischen zwei niedrigen, abgebröckelten Mauern reitend, jenseits einer alten einbogigen Steinbrücke über einen anscheinend trockenen Graben den weiteren Verlauf des Weges absehen, fühlte aber in der Gangart seines Pferdes eine so unbeschreibliche Schwere, ein solches Nichtvorwärtskommen, daß sich an seinem Blick jeder Fußbreit der Mauern rechts und links, ja jeder von den dort sitzenden Tausendfüßen und Asseln mühselig vorbeischob, und ihm war, als hätte er eine unmeßbare Zeit mit dem Durchreiten des widerwärtigen Dorfes verbracht. Wie nun zugleich aus der Brust seines Pferdes ein schwerer rohrender Atem hervordrang, er dies ihm völlig ungewohnte Geräusch aber nicht sogleich richtig erkannte und die Ursache davon zuerst über und neben sich und schließlich in der Entfernung suchte, bemerkte er jenseits der Steinbrücke und beiläufig in gleicher Entfernung von dieser, als wie er sich selbst befand, einen Reiter des eigenen Regiments auf sich zukommen, und zwar einen Wachtmeister, und zwar auf einem Braunen mit weißgestiefelten Vorderbeinen. Da er nun wohl wußte, daß sich in der ganzen Schwadron kein solches Pferd befand, ausgenommen dasjenige, auf welchem er selbst in diesem Augenblicke saß, er das Gesicht des anderen Reiters aber immer noch nicht erkennen konnte, so trieb er ungeduldig sein Pferd sogar mit den Sporen zu einem sehr lebhaften Trab an, worauf auch der andere sein Tempo ganz im gleichen Maße verbesserte, so daß nun nur mehr ein Steinwurf sie trennte, und nun, indem die beiden Pferde, jedes von seiner Seite her, im gleichen Augenblick, jedes mit dem gleichen weißgestiefelten Vorfuß die Brücke betraten, der Wachtmeister mit stierem Blick in der Erscheinung sich selber erkennend, wie sinnlos sein Pferd zurückriß und die rechte Hand mit ausgespreizten Fingern gegen das Wesen vorstreckte, worauf die Gestalt, gleichfalls parierend und die Rechte erhebend, plötzlich nicht da war, die Gemeinen Holl und Scarmolin mit unbefangenen Gesichtern von rechts und links aus dem trockenen Graben auftauchten und gleichzeitig über die Hutweide her, stark und aus gar nicht großer Entfernung, die Trompeten der Eskadron »Attacke« bliesen. Im stärksten Galopp eine Erdwelle hinansetzend, sah der Wachtmeister die Schwadron schon im Galopp auf ein Gehölz zu, aus welchem feindliche Reiter mit Piken eilfertig debouchierten, sah, indem er, die vier losen Zügel in der Linken versammelnd, den Handriemen um die Rechte schlang, den vierten Zug sich von der Schwadron ablösen und langsamer werden, war nun schon auf dröhnendem Boden, nun in starkem Staubgeruch, nun mitten im Feinde, hieb auf einen blauen Arm ein, der eine Pike führte, sah dicht neben sich das Gesicht des Rittmeisters mit weit aufgerissenen Augen und grimmig entblößten Zähnen, war dann plötzlich unter lauter feindlichen Gesichtern und fremden Farben eingekeilt, tauchte unter in lauter geschwungenen Klingen, stieß den nächsten in den Hals und vom Pferd herab, sah neben sich den Gemeinen Scarmolin mit lachendem Gesicht einem die Finger der Zügelhand ab- und tief in den Hals des Pferdes hineinhauen, fühlte die Mêlée sich lockern und war auf einmal allein, am Rand eines kleinen Baches, hinter einem feindlichen Offizier auf einem Eisenschimmel. Der Offizier wollte über den Bach; der Eisenschimmel versagte. Der Offizier riß ihn herum, wendete dem Wachtmeister ein junges, sehr bleiches Gesicht und die Mündung einer Pistole zu, als ihm ein Säbel in den Mund fuhr, in dessen kleiner Spitze die Wucht eines galoppierenden Pferdes zusammengedrängt war. Der Wachtmeister riß den Säbel zurück und erhaschte an der gleichen Stelle, wo die Finger des Herunterstürzenden ihn losgelassen hatten, den Stangenzügel des Eisenschimmels, der leicht und zierlich wie ein Reh die Füße über seinen sterbenden Herrn hinhob.

Als der Wachtmeister mit dem schönen Beutepferd zurückritt, warf die in schwerem Dunst untergehende Sonne eine ungeheure Röte über die Hutweide. Auch an solchen

Stellen, wo gar keine Hufspuren waren, schienen ganze Lachen von Blut zu stehen. Ein roter Widerschein lag auf den weißen Uniformen und den lachenden Gesichtern, die Kürasse und Schabracken funkelten und glühten, und am stärksten drei kleine Feigenbäume, an deren weichen Blättern die Reiter lachend die Blutrinnen ihrer Säbel abgewischt hatten. Seitwärts der rotgefleckten Bäume hielt der Rittmeister und neben ihm der Eskadronstrompeter, der die wie in roten Saft getauchte Trompete an den Mund hob und Appell blies. Der Wachtmeister ritt von Zug zu Zug und sah, daß die Schwadron nicht einen Mann verloren und dafür neun Handpferde gewonnen hatte. Er ritt zum Rittmeister und meldete, immer den Eisenschimmel neben sich, der mit gehobenem Kopf tänzelte und Luft einzog, wie ein junges, schönes und eitles Pferd, das es war. Der Rittmeister hörte die Meldung nur zerstreut an. Er winkte den Leutnant Grafen Trautsohn zu sich, der dann sogleich absaß und mit sechs gleichfalls abgesessenen Kürassieren hinter der Front der Eskadron die erbeutete leichte Haubitze ausspannte, das Geschütz von den sechs Mannschaften zur Seite schleppen und in ein von dem Bach gebildetes kleines Sumpfwasser versenken ließ, hierauf wieder aufsaß und, nachdem er die nunmehr überflüssigen beiden Zuggäule mit der flachen Klinge fortgejagt hatte, stillschweigend seinen Platz vor dem ersten Zug wieder einnahm. Während dieser Zeit verhielt sich die in zwei Gliedern formierte Eskadron nicht eigentlich unruhig, es herrschte aber doch eine nicht ganz gewöhnliche Stimmung, durch die Erregung von vier an einem Tage glücklich bestandenen Gefechten erklärlich, die sich im leichten Ausbrechen halb unterdrückten Lachens sowie in halblauten untereinander gewechselten Zurufen äußerte. Auch standen die Pferde nicht ruhig, besonders diejenigen, zwischen denen fremde erbeutete Pferde eingeschoben waren. Nach solchen Glücksfällen schien allen der Aufstellungsraum zu enge, und solche Reiter und Sieger verlangten sich innerlich, nun im offenen Schwarm auf einen neuen Gegner loszugehen, einzuhauen und neue Beutepferde zu packen. In diesem Augenblicke ritt der Rittmeister Baron Rofrano dicht an die Front seiner Eskadron, und indem er von den etwas schläfrigen blauen Augen die großen Lider hob, kommandierte er vernehmlich, aber ohne seine Stimme zu erheben: »Handpferde auslassen!« Die Schwadron stand totenstill. Nur der Eisenschimmel neben dem Wachtmeister streckte den Hals und berührte mit seinen Nüstern fast die Stirne des Pferdes, auf welchem der Rittmeister saß. Der Rittmeister versorgte seinen Säbel, zog eine seiner Pistolen aus dem Halfter, und indem er mit dem Rücken der Zügelhand ein wenig Staub von dem blinkenden Lauf wegwischte, wiederholte er mit etwas lauterer Stimme sein Kommando und zählte gleich nachher »eins« und »zwei«. Nachdem er das »zwei« gezählt hatte, heftete er seinen verschleierten Blick auf den Wachtmeister, der regungslos vor ihm im Sattel saß und ihm starr ins Gesicht sah. Während Anton Lerchs starr aushaltender Blick, in dem nur dann und wann etwas Gedrücktes, Hündisches aufflackerte und wieder verschwand, eine gewisse Art devoten, aus vieljährigem Dienstverhältnisse hervorgegangenen Zutrauens ausdrücken mochte, war sein Bewußtsein von der ungeheuren Gespanntheit dieses Augenblicks fast gar nicht erfüllt, sondern von vielfältigen Bildern einer fremdartigen Behaglichkeit ganz überschwemmt, und aus einer ihm selbst völlig unbekannten Tiefe seines Innern stieg ein bestialischer Zorn gegen den Menschen da vor ihm auf, der ihm das Pferd wegnehmen wollte, ein so entsetzlicher Zorn über das Gesicht, die Stimme, die Haltung und das ganze Dasein dieses Menschen, wie er nur durch jahrelanges, enges Zusammenleben auf geheimnisvolle Weise entstehen kann. Ob aber in dem Rittmeister etwas Ähnliches vorging, oder ob sich ihm in diesem Augenblicke stummer Insubordination die ganze lautlos um sich greifende Gefährlichkeit kritischer Situationen zusammenzudrängen schien, bleibt im Zweifel: Er hob mit einer nachlässigen, beinahe gezierten Bewegung den Arm, und indem er, die Oberlippe verächtlich hinaufziehend, »drei« zählte, krachte auch schon der Schuß, und der Wachtmeister taumelte, in die Stirn getroffen, mit dem Oberleib auf den Hals seines Pferdes, dann zwischen dem

Braunen und dem Eisenschimmel zu Boden. Er hatte aber noch nicht hingeschlagen, als auch schon sämtliche Chargen und Gemeinen sich ihrer Beutepferde mit einem Zügelriß oder Fußtritt entledigt hatten und der Rittmeister, seine Pistole ruhig versorgend, die von einem blitzähnlichen Schlag noch nachzuckende Schwadron dem in undeutlicher dämmernder Entfernung anscheinend sich ralliierenden Feinde aufs neue entgegenführen konnte. Der Feind nahm aber die neuerliche Attacke nicht an, und kurze Zeit nachher erreichte das Streifkommando unbehelligt die südliche Vorpostenaufstellung der eigenen Armee.

# MATERIALIEN

## Inhaltsverzeichnis

# Einleitung

Hofmannsthals ›Ein Brief‹ (Lord-Chandos-Brief) vom Jahr 1902 bedeutete aus zweierlei Gründen für die damalige literarische Welt eine Sensation: zum einen, da man dem gefeierten Lyriker und Dramatiker, der bereits als sechzehnjähriger Gymnasiast die etablierten Wiener Literaten herausgefordert hatte, einen derart radikalen Bruch mit seiner eigenen literarischen Vergangenheit nicht zugetraut hatte; zum anderen, da der zünftigen Literaturszenerie im Unterschied zu einigen Philosophen, Sprachkritikern und Psychologen (Avenarius, Mauthner, Jodl) die Entwicklung der Sprachskepsis seit Lichtenberg und der Frühromantik (Novalis) über Schopenhauer und Nietzsche bisher verborgen geblieben war. Der ›Chandos-Brief‹ hatte daher seinerzeit die Wirkung eines literarischen wie sprachphilosophischen Fanals. In der Hinwendung des Sprachgenies Chandos zu dem strikten Empiriker Francis Bacon spiegelt sich eine gleichartige Entwicklung Hofmannsthals, die ihn in die Nähe der Denkweise des Empiriokritizismus des ausgehenden 19. und des frühen 20. Jahrhunderts führt. Wissenschaftler wie Bernhard Bolzano (1781–1848), Franz Brentano (1838–1917), Ernst Mach (1838–1916; vgl. Anm. 20), Gottlob Frege (1848–1925), Moritz Schlick (1882–1936), Ludwig Wittgenstein (1889–1951) und Rudolf Carnap (1891–1970) sind führende Vertreter dieser Richtung.

Der lapidare Schlußsatz des Wittgensteinschen ›Tractatus‹: »Wovon man nicht sprechen kann, darüber muß man schweigen«, erinnert, selbst wenn er aus anderen Voraussetzungen geschrieben worden ist, durchaus an die Situation des Lord Chandos.

Daß der ›Brief‹ einerseits als »autobiographisches« Dokument angesehen wurde, andererseits als Symptom einer »Revolution« der deutschen Sprache und Literatur (Jens), weist auf seine vielschichtige Struktur hin. Sein Stellenwert und seine Bedeutung im Gesamtwerk Hofmannsthals sind in der Diskussion der Literaten, Literarhistoriker und Philosophen, die sich immer wieder mit ihm auseinandergesetzt haben, nach wie vor umstritten.

Die frühe Hofmannsthal-Kritik war geneigt, die »Krise« des Lord Chandos als Lebens- und Sprachkrise des Dichters Hofmannsthal zu deuten (Broch); diese Auffassung hat sich im großen und ganzen erhalten, wenngleich der amerikanische Germanist Daviau dieser Deutung entschieden mit sehr einleuchtenden Argumenten entgegengetreten ist und sichtbar gemacht hat, daß ›Ein Brief‹ eine Dichtung und kein autobiographisches Dokument ist. Neuere soziologische Deutungsansätze wie etwa bei Gert Sautermeister führen wieder zu den frühen Interpretationsmustern zurück. Die Vorstellung, daß ›Ein Brief‹ einen radikalen Bruch im Schaffen des Dichters markiere, hat die Wissenschaft zu einer Periodisierung des Hofmannsthalschen Gesamtwerkes im Sinne einer Phase vor Chandos und einer Phase nach Chandos veranlaßt; der ›Brief‹ nimmt somit im Werk eine Sonderstellung ein, er ist demgemäß auch nahezu stets als Einzelwerk gewürdigt worden.

Demgegenüber ist der ›Reitergeschichte‹ von Hofmannsthal selbst wenig Aufmerksamkeit gewidmet worden, so daß sie lange Zeit relativ wenig Beachtung auch in der Literaturwissenschaft fand. Das hat sich seit den vieldiskutierten Arbeiten von Richard Alewyn und Benno von Wiese geändert.

Marianne Burkhard untersucht die ›Reitergeschichte‹ unter dem Gesichtspunkt der Sprachkrise und der Krise des Ästheten. Burkhard sieht die beiden Komponenten des ›Chandos-Briefes‹, die Sprachskepsis und die Wendung zum Einfachen, in der doppelten Erzählstruktur der ›Reitergeschichte‹ poetisch verwirklicht.

Die Materialien gliedern sich in fünf Abschnitte:

I. Ein kurzer einführender Überblick des Leipziger Germanisten Manfred Diersch soll mit einigen wichtigen psychologischen Voraussetzungen der Wiener Dichter um die Jahrhundertwende (Fin de siècle) vertraut machen.

II. Mit Ausnahme des Beitrages von Wittgenstein stammen alle Materialien zur Sprachkritik und Psychologie von Personen, zu denen Hofmannsthal persönlich engeren oder loseren Kontakt hatte.

III. Passagen aus anderen Werken des Dichters, die vor und nach der ›Chandos-Krise‹ entstanden sind, sollen darlegen, daß das Problem ›Sprache‹ (und ›Dichtung‹) Hofmannsthals Gesamtwerk betrifft und nicht plötzlich und überraschend auftaucht. Die These von der ›Lebenskrise‹ Hofmannsthals und vom ›Bruch‹ innerhalb seiner Dichtung ist von dieser Sicht aus in Frage gestellt.

IV. Die Dokumente zur Entstehung der beiden in diesem Band vereinigten Werke sind spärlich; zum ›Chandos-Brief‹ finden wir jedoch einige interessante Hinweise in den Briefen des Dichters, vor allem in denen an den Lyriker Stefan George (1868–1933), der nach Auffassung einiger Interpreten mit der Gestalt des Francis Bacon gemeint sein könnte. Die Schreiben Hofmannsthals an seinen Freund Leopold von Andrian (1875–1951) deuten ebenfalls in die Richtung, daß es sich beim ›Brief‹ um eine Dichtung handele, nicht aber um ein Dokument einer persönlichen Krise.

V. Literaturgeschichte und Literaturwissenschaft haben sich der in diesem Band vorgelegten Werke ausgiebig angenommen. Es ist nicht verwunderlich, daß beiden Werken vorwiegend psychologische Analysen gewidmet sind; in der Untersuchung der ›Reitergeschichte‹ gelten sie vor allem den Figuren des Wachtmeisters Lerch wie des Barons Rofrano. Weniger ausführlich hat sich die Literaturwissenschaft bisher mit gattungstheoretischen Erörterungen und stilkritischen Fragen im Blick auf die Novelle befaßt. Die wenigen Hinweise auf verwandte Erzählstrukturen bei Heinrich von Kleist und Hofmannsthal (Gilbert, Brahm) sind bisher nicht aufgegriffen worden.

Der ›Chandos-Brief‹ fordert psychologische Betrachtungsweisen geradezu heraus; auch hier macht sich daher ein Mangel an stilkritischen wie gattungstheoretischen Untersuchungen bemerkbar.

# I. Hofmannsthal und seine Zeit

## Manfred Diersch: [Selbstentfremdung und Depersonalisation der Wiener Dichter um die Jahrhundertwende]

*(1973)*

[...] Er [Hofmannsthal] schrieb [...][1]: »Wir sind zu kritisch, um in einer Traumwelt zu leben ...; mit unseren schweren Köpfen brechen wir immer durch das dünne Medium wie schwere Reiter auf Moorboden.«[2] Selbst für diese Einsamen [die Wiener Dichter um 1900] gilt die Voraussetzung menschlicher Existenz: Auch sie sind ein »Ensemble gesellschaftlicher Verhältnisse«.[3] Die Fäden, mit denen sie an die Gesellschaft gebunden sind, können nicht gelöst werden. Die Bindung jedoch wirkt nur noch als Bedrückung. Bei der Konzentration auf die subjektive Erfahrungswelt richtet sich der Blick nach innen, aufs eigene Ich. Dabei wiederholt sich eine Erkenntnissituation, die schon von [...] [den] Gedanken Machs und Bahrs her vertraut ist. Die Vereinsamung äußert sich in der Selbstentfremdung, die sich bis in quälende krankhafte Spannungen hin anzeigt. Hofmannsthals Selbstcharakteristik gilt ebenso für seine Dichterfreunde. Er bekannte von sich: »... nur habe ich eine sonderbare Natur, in der Geist und Körper so furchtbar von einander abhängen.«[4] [...]

Die Abhängigkeit von Stimmungen und Empfindungen drückt sich in äußerster Empfindlichkeit aus. An die Stelle

---

(1)* In dem Bewußtsein, daß die Kommunikation zwischen Individuum und Gemeinschaft gestört sei.

(2) Hugo von Hofmannsthal: Briefe 1890–1901. Hrsg. von Heinrich Zimmer. Berlin 1935, S. 130.

(3) Karl Marx: Thesen über Feuerbach. In: Karl Marx/Friedrich Engels: Werke. Hrsg. vom Institut für Marxismus-Leninismus beim ZK der SED. Band 3, Berlin 1958, S. 6.

(4) Hugo von Hofmannsthal: Briefe 1900–1909. Hrsg. von Heinrich Zimmer. Wien 1937, S. 41.

durchschauender und festlegender Klarheit tritt der fließende Empfindungskomplex. Qualvoll wird dieser Zustand nicht zuletzt deshalb, weil die in ihm liegende Dekadenz menschlichen Wesens, seine produktivitätslähmende Wirkung nicht zu übersehen ist. Diese Diskrepanz von Wollen und Vermögen, Erkenntnis und Irrtum veranlaßt auch das unablässige Bemühen dieser Denker, ihr Selbst zu bestimmen [...].

So drohte für diese Denker das »Drinnen« ihres isolierten Ich unrettbar zu werden, weil sie das »Draußen« ihrer gesellschaftlichen Bindungen nur noch negativ begriffen. Hofmannsthal schrieb dazu: »... mein Denken« ist »merkwürdig schattenhaft, und es braucht immer einen inneren Ruck; ich verliere manchmal den Glauben an die Realität meines Ich ...«[5] [...]

Kein Wunder also, daß jenes Programm einer Kunst der »Ichlosigkeit«[6], das Hermann Bahr – angeregt von der französischen impressionistischen Malerei – formulierte, bei diesen Wiener Dichtern Anklang fand. Aus eigenem Erleben und Beobachten war ein Bild vom Menschen entstanden, das mit dem Lebensbegriff übereinstimmte, den Bahrs impressionistische Weltsicht vortrug. Die Verschiebung außerdeutscher literarischer Einflüsse und Bezugspunkte, also die Tatsache, daß nicht mehr Zola und der Ibsen der sozialkritischen Periode, dafür aber Maeterlinck, Huysmans, Barrès und Baudelaire[7] als wesensverwandt empfunden wurden, bezeichnet nur die Oberfläche der ideologischen Strömungen. Wesentlich ist, welche

(5) Hugo von Hofmannsthal: Briefe 1890–1901, S. 139.

(6) Hermann Bahr: Die Überwindung des Naturalismus. Dresden/Leipzig 1891, S. 149.

(7)* Emile Zola (1840–1902); Henrik Ibsen (1828–1906); Maurice Maeterlinck (1862–1949): belgischer Symbolist und Impressionist; Joris-Karl Huysmans (1848–1907): zunächst naturalistischer, dann impressionistischer Schriftsteller französisch-flämischer Herkunft, huldigte dem Ästhetizismus und der Décadence; Maurice Barrès (1862–1923): französischer Literat und Politiker, übte bedeutende Wirkung auf Hofmannsthal aus, Verfasser des Romans der Décadence ›Le culte du moi‹ (1888–91); Charles Baudelaire (1821–1867), bedeutender französischer symbolistisch-surrealistischer Lyriker und Essayist.

Weltanschauung, gewachsen aus den innerhalb der Gesellschaft gesammelten Lebenserfahrungen, der neuen Literaturströmung zugrunde lag. [...]

[...] Hofmannsthal wußte, daß individuelle Existenz immer ans Allgemein-Gesellschaftliche gebunden ist. Erst aus diesem Bezug erhält Sittlichkeit ihr Maß. Darum steht folgender Gedanke zentral in Hofmannsthals Selbstanalyse: »Der Weg zum Sozialen als Weg zum höheren Selbst: der nichtmystische Weg.«[8] Will der Mensch nicht in »selbstische Erstarrung«[9] geraten, so muß er sich bejahend mit dem sozialen Sein verknüpfen.[10] In dieser Art von Selbststeigerung lag Hofmannsthals Problem als Mensch *und* als Dichter. Der Gebundenheit des Individuums an die Gesellschaft wurde er sich bei Überlegungen zur Sprache bewußt. Auf dieser Denkebene interpretierte er die Sinnentleerung menschlichen Daseins als Verwirrung der Erkenntnis und Kommunikationsstörung. *Sprache* als Ausdruck des Gedankens ist immer allgemein und überschreitet das Nur-Individuelle und Nur-Besondere. Und gerade die »Welt der Worte« erschien Hofmannsthal als eine »Scheinwelt«.[11] [...]

Die sprachphilosophische Begründung dieses sensualistischen[12] Subjektivismus fanden Hofmannsthal und Bahr bei Fritz Mauthner in dessen Werk ›Beiträge zu einer Kritik der Sprache‹ (1901). Mauthner stützte die impressionistische Weltsicht mit sprachphilosophischer Argumentation: Nach ihm gibt es »nicht zwei Menschen, die die gleiche Sprache reden«[13]. »Der Standpunkt des Einzelnen bedingt die Verschiedenheit aller Horizonte.« Diese verschiedenen Horizonte seien in der Sprache realisiert, und so komme »alles Elend der Einsamkeit ... von der Sprache«.[14]

---

(8) Hofmannsthal: Aufzeichnungen (Ad me ipsum), S. 217.
(9) Anm. 8, S. 241.
(10) Anm. 8, S. 225.
(11) Anm. 8, S. 119.
(12)* sensualistisch: Erkenntnis wird durch Sinneseindrücke (nach Mach – Anm. 20 –: Empfindungen) gewonnen.
(13) Fritz Mauthner: Beiträge zu einer Kritik der Sprache, Bd. I, S. 97.
(14) Anm. 13, S. 19.

Aufgabe der Denker müsse es darum sein, eine Sprache zu finden, die *»das Spiel der Assoziationen«*[15] innerhalb der verschiedenen Subjektwirklichkeiten nachbildet. So entstand bei Mauthner aus der Verabsolutierung des subjektiven Moments, das zweifellos in jeder Sprache liegt, ein subjektiv-idealistischer Positivismus, der in seinem philosophischen Gehalt mit Machs Empiriokritizismus identisch ist. [. . .]

Im Leben und Dichten Schnitzlers und Hofmannsthals wurde aus dem sensualistischen Subjektivismus, den wir in allen ihren Seins- und Denkebenen beobachteten, nicht eine bewußte Apologetik[16] jener Gesellschaftssituation, die diesen Subjektivismus auslöste. Auch in ihrer Auffassung von der Sprache stecken kritische Momente gegenüber der von ihnen erfahrenen Wirklichkeit, deren Wahrheitskern das Sprachverständnis erweiterte. Sie suchen eine sprachliche Verwirklichung ihrer Gedanken, die nicht im vorgefertigten Klischee erstarrt, sondern die erfahrene Subjektisoliertheit wahrheitsgemäß ausdrückt. So bleibt für sie Sprache ans Denken und damit an Aussage gebunden; im subjektivistischen Blickwinkel (die »eigene« Sprache und nur diese soll ausgeformt werden), unter dem sie entsteht, liegt insofern noch eine Objektivierung von Wahrheit, als die apologetische Sprache inadäquater Gedankenklischees kritisiert erscheint. [. . .]

Von einer Position, für die nur noch subjektive Wirklichkeit als Kreuzungspunkt des Lebens, das sich solcherart in unendlich vielen Empfindungen, Wahrnehmungen und Stimmungen darstellt, aussagbar erscheint, ist Bindung und Erkenntnis als objektivierter Sinn menschlichen Daseins nicht zu erreichen. [. . .]

[. . .] Von dem Boden aus, auf dem Bahr, Schnitzler und Hofmannsthal in der imperialistischen Gesellschaft[17] stan-

---

(15) Anm. 13, Bd. II, S. 532.
(16)* Verteidigung; hier: Anerkennung.
(17)* Der vom Standpunkt der marxistischen Gesellschaftslehre argumentierende Verfasser analysiert die Wiener Gesellschaft um 1900 im österreichisch-ungarischen Kaiser-, Beamten- und Bürgerstaat als »imperialistische Gesellschaft«.

den, waren ihre Lebens- und Denkkonflikte nicht zu lösen. Dafür zeugen auch die quälenden Krisen, die sich in ihrem Leben um 1900 nachweisen lassen. Das Fragmentarische ihrer impressionistischen Weltsicht und Lebenshaltung, aus dem die Negation menschlichen Wesens als schmerzlicher Verlust und die Sehnsucht nach positivem Inhalt erwuchsen, konnte nicht durchgehalten werden. Die nicht vermittelten Widersprüche der Negation sollten aufgegeben werden. So verstummte um 1900 der Lyriker Hugo von Hofmannsthal; die Verallgemeinerung seiner Krisensituation gab er in der Niederschrift seines Chandos-Briefes. Nach dem Chandos-Brief (1902) suchte er in Leben und Werk stärker das Engagement und die bewußte Wirkung ins Allgemein-Gesellschaftliche. [. . .]

*Manfred Diersch: Empiriokritizismus und Impressionismus. Über Beziehungen zwischen Philosophie, Ästhetik und Literatur um 1900 in Wien. (Neue Beiträge zur Literaturwissenschaft, Band 36.) Rütten & Loening, Berlin (DDR) 1973, S. 137–143. Ausschnitte.*

# II. Dokumente zur Sprachkritik und Psychologie

## Zur Sprachkritik

## 1. Fritz Mauthner[18]: Zur Sprache und zur Psychologie

*(1901)*

### Wesen der Sprache. Einleitung

[...] Der kann das Werk der Befreiung von der Sprache nicht vollbringen, der mit Worthunger, mit Wortliebe und mit Worteitelkeit ein Buch zu schreiben ausgeht in der Sprache von gestern oder von heute oder von morgen, in der erstarrten Sprache einer bestimmten festen Stufe. Will ich emporklimmen in der Sprachkritik, die das wichtigste Geschäft der denkenden Menschheit ist, so muß ich die Sprache hinter mir und vor mir und in mir vernichten von Schritt zu Schritt, so muß ich jede Sprosse der Leiter zertrümmern, indem ich sie betrete. Wer folgen will, der zimmere die Sprossen wieder, um sie abermals zu zertrümmern. [...]

### Mißverstehen durch Sprache

[...] Kein Mensch kennt den anderen. Geschwister, Eltern und Kinder kennen einander nicht. Ein Hauptmittel des Nichtverstehens ist die Sprache. Wir wissen voneinander bei den einfachsten Begriffen nicht, ob wir bei einem gleichen Worte die gleiche Vorstellung haben. [...] Worte

---

(18)* Fritz Mauthner (1849–1923), böhmisch-österreichischer Literat, Feuilletonist, Journalist, Sprachkritiker und Philosoph. Privatgelehrter, Freund Gerhart Hauptmanns, stand auch mit Hofmannsthal im Briefkontakt. Es ist sicher, daß Hofmannsthal Mauthners ›Kritik der Sprache‹ vor der Entstehung des ›Chandos-Briefes‹ gekannt hat; vgl. Hofmannsthal Blätter 19/20, S. 22.

für innere Seelenvorgänge sind natürlich von den vielen Werten oder Begriffen ihres Inhalts abhängig und darum bei zwei Menschen niemals gleich, sobald auch nur ein einziger der Inhaltswerte ungleich vorgestellt wird. Je vergeistigter das Wort, desto sicherer erweckt es bei verschiedenen Menschen verschiedene Vorstellungen. Daher auch so vielfach Streit unter sonst vernünftigen und ruhigen Menschen. Leute mit verschiedenen Sprachen müssen eben streiten, wenn sie so dumm sind, miteinander sprechen zu wollen. [...] Durch die Sprache haben es sich die Menschen für immer unmöglich gemacht, einander kennen zu lernen.

*Fritz Mauthner: Beiträge zu einer Kritik der Sprache. Band 1: Zur Sprache und zur Psychologie. Cotta, Stuttgart und Berlin ²1906, S. 1–2, 56. Ausschnitte.*

## 2. Fritz Mauthner: An Hofmannsthal

*(Ende Oktober 1902)*

Ich habe soeben Ihren ›Brief‹ [Chandos-Brief] gelesen. Ich habe ihn so gelesen, als wäre er das erste dichterische Echo nach meiner ›Kritik der Sprache‹. In diesem Glauben genoß ich eine ernste Freude, wie sie mir noch keine, noch so starke Lobpreisung meines Buches bereitet. Ich glaubte, das Beste zu erleben, was ich geträumt hatte: Wirkung auf die Besten.

*Zitiert nach: Hofmannsthal Blätter 19/20, 1978, S. 33. Ausschnitt. Hugo-von-Hofmannsthal-Gesellschaft, Frankfurt a. M.*

## 3. Ludwig Wittgenstein[19]: Tractatus logico-philosophicus

*(etwa 1914)*

6.54 Meine Sätze erläutern dadurch, daß sie der, welcher mich versteht, am Ende als unsinnig erkennt, wenn er durch sie – auf ihnen – über sie hinausgestiegen ist. (Er

muß sozusagen die Leiter wegwerfen, nachdem er auf ihr hinaufgestiegen ist.) [Vgl. Mauthner, Text II, 1]
Er muß diese Sätze überwinden, dann sieht er die Welt richtig.
7 Wovon man nicht sprechen kann, darüber muß man schweigen.

*Ludwig Wittgenstein: Tractatus logico-philosophicus. Tagebücher 1914–1916. Philosophische Untersuchungen. (Schriften 1.) Suhrkamp, Frankfurt a. M. 1969, S. 83. Ausschnitte.*

**Zur impressionistischen und empiriokritizistischen Psychologie**

# 4. Ernst Mach[20]: Die Analyse der Empfindungen und das Verhältnis des Physischen zum Psychischen

*(1886)*

## I. Antimetaphysische Vorbemerkungen 1

[...] Mein Freund kann einen anderen Rock anziehen. Sein Gesicht kann ernst und heiter werden. Seine Gesichtsfarbe kann durch Beleuchtung oder Affekte sich ändern. Seine Gestalt kann durch Bewegung oder dauernd alteriert

(19)* Ludwig Wittgenstein (1889–1951), österreichischer Philosoph, stand in engem Kontakt zur englischen Logistikerschule (Russell). Wittgenstein führte die Ideen und Erkenntnisse des ›Wiener Kreises‹ fort; auf die fundamentale Bedeutung seiner Philosophie für die zeitgenössische österreichische und deutsche Literatur kann nicht nachdrücklich genug hingewiesen werden.

(20)* Ernst Mach (1838–1916), österreichischer Physiker und Philosoph. Für ihn wurde 1895 an der Wiener Universität eine Lehrkanzel für ›Philosophie der induktiven Wissenschaften‹ errichtet. Mach sieht Ursprung und Ziel der Wissenschaft in der Befriedigung notwendiger Lebensbedürfnisse; deshalb muß sie mit dem geringsten Aufwand an Denkenergie, d. h. mit Denkökonomie, sich streng auf die Untersuchung des wirklich Tatsächlichen beschränken. Tatsächlich sind nach Machs Auffassung nur die Empfindungen. Der Machsche Empirismus hatte eine außerordentliche Wirkung auf die sogenannten ›Jung-Wiener‹ (Dichter und Literaten). Mach, dessen Vorlesungen Hofmannsthal besuchte, wird seine Studenten werden. Die Summe des Beständigen bleibt aber den allmählichen Veränderungen gegenüber doch immer so groß, daß diese zurücktreten. Es ist derselbe Freund, mit dem ich täglich meinen Spaziergang mache.

Mein Rock kann einen Fleck, ein Loch erhalten. Schon der Ausdruck zeigt, daß es auf eine Summe von Beständigem ankommt, welchem das Neue hinzugefügt, von welchem das Fehlende nachträglich in Abzug gebracht wird.

Die größere Geläufigkeit, das Übergewicht des mir wichtigen Beständigen gegenüber dem Veränderlichen drängt zu der teils instinktiven, teils willkürlichen und bewußten Ökonomie des Vorstellens und der Bezeichnung, welche sich in dem gewöhnlichen Denken und Sprechen äußert. Was auf *einmal* vorgestellt wird, erhält *eine* Bezeichnung, *einen* Namen.

Als *relativ* beständig zeigt sich ferner der an einen besonderen Körper (den Leib) gebundene Komplex von Erinnerungen, Stimmungen, Gefühlen, welcher als *Ich* bezeichnet wird. Ich kann mit diesem oder jenem Ding beschäftigt, ruhig und heiter oder aufgebracht und verstimmt sein. Doch bleibt (pathologische Fälle abgerechnet) genug Beständiges übrig, um das Ich als dasselbe anzuerkennen. Allerdings ist auch das Ich nur von *relativer* Beständigkeit. Die scheinbare Beständigkeit des Ich besteht vorzüglich nur in der *Kontinuität*, in der langsamen Änderung. Die vielen Gedanken und Pläne von gestern, welche heute fortgesetzt werden, an welche die Umgebung im Wachen fortwährend erinnert (daher das Ich im Traume sehr verschwommen, verdoppelt sein, oder ganz fehlen kann), die kleinen Gewohnheiten, die sich unbewußt und unwillkürlich längere Zeit erhalten, machen den Grundstock des Ich aus. Größere Verschiedenheiten im Ich verschiedener Menschen, als im Laufe der Jahre in *einem* Menschen

---

auf das Hauptwerk des Philosophen Richard Avenarius: ›Kritik der reinen Erfahrung‹ (1888–1900), hingewiesen haben, da er dessen seiner Lehre gleichgerichteten Denkansatz in dem Abschnitt »Mein Verhältnis zu R. Avenarius und anderen Forschern« in der zweiten Auflage seiner ›Analyse der Empfindungen‹ (1909) ausdrücklich betont.

eintreten, kann es kaum geben. Wenn ich mich heute meiner frühen Jugend erinnere, so müßte ich den Knaben (einzelne wenige Punkt abgerechnet) für einen Andern halten, wenn nicht die Kette der Erinnerungen vorläge. Schon manche Schrift, die ich selbst vor 20 Jahren verfaßt, macht mir einen höchst fremden Eindruck. Die sehr allmähliche Änderung des Leibes trägt wohl auch zur Beständigkeit des Ich bei, aber viel weniger als man glaubt. Diese Dinge werden noch viel weniger analysiert und beachtet als das intellektuelle und das moralische Ich. Man kennt sich persönlich sehr schlecht. Als ich diese Zeilen schrieb (1886), war mir Ribot's schönes Buch ›Les maladies de la personnalité[20a]‹, in welcher dieser die Wichtigkeit der Gemeingefühle für die Konstitution des Ich hervorhebt, noch nicht bekannt. Ich kann seiner Ansicht nur zustimmen.

Das Ich ist so wenig absolut beständig als der Körper. [. . .]

## I. Antimetaphysische Vorbemerkungen 12

[. . .] Die Elemente *bilden* das *Ich. Ich* empfinde Grün will sagen, daß das Element Grün in einem gewissen Komplex von anderen Elementen (Empfindungen, Erinnerungen) vorkommt. Wenn *ich* aufhöre Grün zu empfinden, wenn *ich* sterbe, so kommen die Elemente nicht mehr in der gewohnten geläufigen Gesellschaft vor. Damit ist alles gesagt. Nur eine ideelle denkökonomische, keine reelle Einheit hat aufgehört zu bestehen. Das Ich ist keine unveränderliche, bestimmte, scharf begrenzte Einheit. [. . .] Das Ich ist unrettbar. Teils diese Einsicht, teils die Furcht vor derselben führen zu den absonderlichsten pessimistischen und optimistischen, religiösen, asketischen und philosophischen Verkehrtheiten. [. . .]

*Ernst Mach: Die Analyse der Empfindungen und das Verhältnis des Physischen zum Psychischen. Gustav Fischer, Jena $^{7}$1918, S. 2–3, 19–20. Ausschnitte.*

---

(20a)* Vgl. Text II, 6 und Anm. 25.

Jodls Psychologie setzt ein bewußtes Ich (primäres Ich) und ein unbewußtes Ich (sekundäres Ich). Das bewußte Ich bildet eine konstante und unveränderbare Struktur, das unbewußte Ich hingegen befindet sich in ständiger Veränderung, da es von den Außeneinflüssen beeindruckbar ist. Lord Chandos befindet sich in einem Stadium, in dem ihm paradoxerweise das sekundäre Ich bewußt wird. Bei Jodl sind die Begriffe ›Bewußtsein‹ und ›Seele‹ identisch.

## 5. Friedrich Jodl[21]: Das Bewußte und das Unbewußte

*(1896)*

[...] Dieses sekundäre Ich verändert sich beständig mit unseren Erlebnissen, mit der Entwicklung unseres Organismus. Es ist ein anderes im Kinde, im Erwachsenen, im Greisenalter; ein anderes in Gesundheit und Krankheit, im Schlafe und im Wachen. Es kann krankhafterweise zum Größenwahn und zum Kleinheitswahn führen; und es schwankt auch bei ganz normalen Menschen. Daß das Ich in diesem sekundären Sinne nichts Festes, nichts Reales, sondern eine funktionelle Beziehung ist, erhellt auch aus den Erscheinungen der Verdoppelung oder Veränderung der Persönlichkeit, welche in manchen pathologischen Zuständen beobachtet werden, wobei die Personen sich fremd werden, nicht sie selbst zu sein glauben, sondern eine andere Person, die Identität mit sich einbüßen, während charakteristischerweise das primäre Ich, die Beziehung der erlebten Zustände auf ein Subjekt überhaupt, erhalten bleibt und niemals verschwindet, solange überhaupt noch Bewußtsein vorhanden ist. [...]

*Friedrich Jodl: Lehrbuch der Psychologie. I. Band, III. Kapitel: Beschreibung und Gliederung der Bewußtseinserscheinungen im allgemeinen. 1. Abschnitt: Wesen des Bewußtseins. Das Bewußte und das Unbewußte. Cotta, Stuttgart und Berlin ³1908, S. 120–121. Ausschnitt.*

## 6. Hermann Bahr[22]: Das unrettbare Ich

*(1904)*

[...] Herakles fällt im Wahnsinn seine Kinder an. Der Bote, der schildert, wie sich der Rasende betrug, sagt: Er war nicht mehr derselbe! Dies traf mich furchtbar. Ich hielt im Lesen ein und hatte das Gefühl: über der bloßen Vorstellung, daß es einem geschehen könnte, nicht mehr derselbe, sondern plötzlich ein anderer Mensch zu sein, müsse man eigentlich schon wahnsinnig werden. Ich fand es in der Phädra[23] wieder und allmählich schien es mir der eigentliche Gedanke des Euripides[24], die Unsicherheit des Ich darzustellen. Nun las ich ein entsetzliches Buch, Ribots[25] ›Les maladies de la personnalité‹; hier werden Menschen gezeigt, welche plötzlich ihr Ich verlieren und als neue Wesen eine andere Existenz beginnen, aus der sie manchmal, ebenso plötzlich und rätselhaft, wieder in die erste zurückgestoßen werden; ja es kommen solche vor, die ein dreifaches oder vierfaches Ich haben: das erste verschwindet, das zweite sinkt ihm nach, ein drittes, ein viertes taucht auf, da kehrt das erste zurück und keines kann sich auf das andere besinnen, eines weiß vom anderen nichts, es scheinen eigentlich in der Tat drei oder vier Menschen zu sein, die sich nur desselben Körpers bedie-

(21)* Friedrich Jodl (1849–1914), deutscher Philosoph und Psychologe, lehrte seit 1896 an der Wiener Universität. Hofmannsthal besuchte einige seiner Vorlesungen. Jodl war darüber hinaus Referent anläßlich der Promotion Hofmannsthals (Philosophicum, 7. 2. 1899). Jodl vertrat einen auf den englischen Empiriker und Positivisten John Stewart Mill (1806–1873) und den deutschen Philosophen Ludwig Feuerbach (1804–1872) zurückweisenden naturalistischen Monismus.

(22)* Hermann Bahr (1863–1934), österreichischer vielseitiger Literaturtheoretiker und Literat, zeitweise fungierte er als Initiator und Protektor des Künstler- und Literatenkreises der ›Jung-Wiener‹, dem auch Hofmannsthal angehörte.

(23)* Phädra, Gestalt der griechischen Mythologie. Sie liebte ihren Stiefsohn Hippolytos, verursachte dessen Tod und erhängte sich. Euripides dramatisierte den Stoff.

(24)* Euripides (geb. um 480 v. Chr., gest. 406 v. Chr.), griechischer Tragiker.

(25)* Théodule Ribot (1839–1916), französischer Psychologe.

nen, um an ihm der Reihe nach abwechselnd zu erscheinen, dann aber plötzlich wieder in leere Luft zu zerrinnen. [...] vielleicht ist auch alles dies für mich nur ein wunderlicher Weg gewesen, um reif zu werden, reif für Mach. [...]

Hier habe ich ausgesprochen gefunden, was mich die ganzen drei Jahre her quält: »Das Ich ist unrettbar.« Es ist nur ein Name. Es ist nur eine Illusion. Es ist ein Behelf, den wir praktisch brauchen, um unsere Vorstellungen zu ordnen. Es gibt nichts als Verbindungen von Farben, Tönen, Wärmen, Drücken, Räumen, Zeiten, und an diese Verknüpfungen sind Stimmungen, Gefühle und Willen gebunden. Alles ist in ewiger Veränderung. Wenn wir von Kontinuität oder Beständigkeit sprechen, so ist es nur, weil manche Änderung langsamer geschieht. Die Welt wird unablässig und indem sie wird, vernichtet sie sich unablässig. Es gibt aber nichts als dieses Werden. Es gibt kein Ding, das zurückbleiben würde, wenn man die Farben, Töne, Wärmen von ihm abzieht. [...]

*Hermann Bahr: Dialog vom Tragischen. In: Hermann Bahr: Zur Überwindung des Naturalismus. Theoretische Schriften 1887–1904. Ausgewählt, eingeleitet und erläutert von Gotthart Wunberg. Kohlhammer, Stuttgart/Berlin/Köln/Mainz 1968 (Sprache und Literatur, 46), S. 189–191. Ausschnitte.*

## III. Aus Hofmannsthals Prosa um die Jahrhundertwende: Bemerkungen aus den Essays

### Hofmannsthal, 1891[26]

[. . .] Uns pflegt Glaube und Bildung, die den Glauben ersetzt, gleichmäßig zu fehlen. Ein Mittelpunkt fehlt, es fehlt die Form, der Stil. Das Leben ist uns ein Gewirre zusammenhangloser Erscheinungen; froh, eine tote Berufspflicht zu erfüllen, fragt keiner weiter. Erstarrte Formeln stehen bereit, durchs ganze Leben trägt uns der Strom des Überlieferten. Zufall nährt uns, Zufall lehrt uns; dankbar genießen wir, was Zufall bietet, entbehren klaglos, was Zufall entzieht. Wir denken die bequemen Gedanken der andern und fühlens nicht, daß unser bestes Selbst allmählich abstirbt. Wir leben ein totes Leben. [. . .]

### Hofmannsthal, 1895[27]

[. . .] Die Leute sind es nämlich müde, reden zu hören. Sie haben einen tiefen Ekel vor den Worten: Denn die Worte haben sich vor die Dinge gestellt. Das Hörensagen hat die Welt verschluckt.

Die unendlich komplexen Lügen der Zeit, die dumpfen Lügen der Tradition, die Lügen der Ämter, die Lügen der einzelnen, die Lügen der Wissenschaften, alles das sitzt wie Myriaden tödlicher Fliegen auf unserem armen Leben. Wir sind im Besitz eines entsetzlichen Verfahrens, das Denken völlig unter den Begriffen zu ersticken.

---

(26)* Zitat aus dem Essay: Maurice Barrès: Sous l'œil des Barbares. Un homme libre. Le jardin de Bérénice.

(27)* Zitat aus dem Essay: Eine Monographie: Friedrich Mitterwurzer, von Eugen Guglia.

## Hofmannsthal, 1901[28] [1907]

So bin ich nach achtzehn Jahren wieder in Deutschland, bin auf dem Weg nach Österreich, und weiß selbst nicht, wie mir zumut ist. Auf dem Schiff machte ich mir Begriffe, ich machte mir Urteile im voraus. Meine Begriffe sind mir über dem wirklichen Ansehen in diesen vier Monaten verlorengegangen, und ich weiß nicht, was an ihre Stelle getreten ist: ein zerspaltenes Gefühl von der Gegenwart, eine zerstreute Benommenheit, eine innere Unordnung, die nahe an Unzufriedenheit ist. [. . .]

*Hugo von Hofmannsthal: Gesammelte Werke in Einzelausgaben. Prosa I und Prosa II. Hrsg. von Herbert Steiner. S. Fischer, Frankfurt a. M. 1956, 1959. Prosa I, S. 43–44, 228. Prosa II, S. 279. Ausschnitte.*

## Hofmannsthal: Ad me ipsum[29]

*(um 1916; erschienen 1930)*
Die Introversion als Weg in die Existenz. (Der mystische Weg.)
a) Chandos-Brief. Die Situation des Mystikers ohne Mystik.[30]
dazu zuviel »Weltfrömmigkeit«.
der Anstand des Schweigens als Resultat.
b) andere Versuche der Introversion.

*Hugo von Hofmannsthal: Gesammelte Werke in Einzelausgaben. Aufzeichnungen. Hrsg. von Herbert Steiner. S. Fischer, Frankfurt a. M. 1959, S. 215.*

---

(28)* Zitat aus: Die Briefe des Zurückgekehrten. Der erste. Das Datum 1901 ist fingiert, der Brief wurde im Jahre 1907 geschrieben.

(29)* Hofmannsthals autobiographische Aperçus wurden 1930 postum herausgegeben, niedergeschrieben wurden sie über einen längeren Zeitraum um 1916.

(30)* Die Situation des Mystikers ohne Mystik ist die von Jodl skizzierte Situation des paradoxen Bewußtwerdens des Unbewußten (vgl. Text II, 5).

(31)* Joseph Wenzel Graf Radetzky von Radetz (1766–1858), österreichischer Feldmarschall; seit 1831 Oberbefehlshaber der österreichischen Truppen in Oberitalien; leitete 1848 (Siege bei Santa Lucia und Custozza) und 1849 erfolgreich die Kämpfe gegen die Piemontesen.

# IV. ›Reitergeschichte‹ und ›Ein Brief‹

## 1. Hans-Ulrich Lindken: Notizen zur Entstehung der ›Reitergeschichte‹ und des ›Chandos-Briefes‹

Es gibt sehr wenige Dokumente zur ›Reitergeschichte‹, da sich zu dieser Novelle keinerlei Manuskripte erhalten haben. Es existiert lediglich eine undatierte fragmentarische Manuskriptnotiz: »will weil Pferd immer schwerer geht unter Hunde schießen, Pistol versagt, dann Knab mit Kuh«.

Auch in Hofmannsthals Briefen oder sonstigen Aufzeichnungen wird die Geschichte nie ausdrücklich erwähnt. Erschienen ist die Novelle in der Weihnachtsbeilage der ›Neuen Freien Presse‹, Wien, 24. December 1899. Hofmannsthal gibt 1898 als Entstehungsjahr an. Die Milieuzeichnung der Geschichte ist durch autobiographische Details beeinflußt; so finden sich Passagen, die an Briefstellen Hofmannsthals über seine Militärzeit in Galizien erinnern.

An seinen Freund Leopold von Andrian z. B. schreibt er im Jahre 1895: »[...] Und auf dem Rasen sind [...] 15 Hunde, alle häßlich, Mischungen von Terriers und Bauernkötern, übermäßig dicke Hunde, läufige Hündinnen, ganz junge schon groß mit weichen ungeschickten Gliedern, falsche Hunde, verprügelte und demoralisierte, auch stumpfsinnige, alle schmutzig, mit häßlichen Augen, und wundervollen weißen Zähnen. Darin lagen alle Mächte des Lebens und seine ganze erstickende Beschränktheit, daß es von sich selbst hypnotisiert ist.«

Am 23. Juli 1898 schreibt er an Andrian: »Wenn ich imstande bin, überhaupt Prosa zu schreiben, so werd ich für das Heft [Wiener Heft des ›Pan‹, in dem sie nicht erschien] eine kurze Reitergeschichte aus dem Feldzug Radetzkys[31] im Jahr 1848 schreiben.«

Das offizielle Echo auf die Geschichte war gering. Hier sei jedoch aus dem Dankbrief des Berliner Theaterdirektors Otto Brahm (1856–1912) zitiert:

»[...] ich muß Ihnen doch für das Weihnachtsgeschenk danken, das Sie der Menschheit und mir mit der famosen Reitergeschichte gemacht haben. Zwar wünschte ich den Vortrag etwas weniger kleistierend – Sie haben ja Ihren eigenen Schnabel, was brauchen Sie danach zu kucken, wie andere gewachsen sind? – und der Ausgang scheint mir um eine Linie zu knapp, und dadurch nicht ganz zwingend – aber im Übrigen alle Achtung, und Hut ab vor der Dame Vuic. Wozu sehnen Sie sich nach Pariser Kokotten, wenn Sie in der Salesianergassen[32] solche Gesichter schauen; und ist das verrückte Dorf Ihnen nicht auch lieber, als das ganze berühmte Seinebabel?« (26. 12. 1899).

Wie aus Hofmannsthals Tagebuchaufzeichnungen (26. 7. 1904) hervorgeht, entstand der Brief des Lord Chandos im August 1902. Der Erstdruck erfolgte unter dem Titel ›Ein Brief‹ in der Berliner Tageszeitung ›Der Tag‹ vom 18. und 19. Oktober 1902. Gedankliche Vorstufen und Nachwirkungen im Werk und in der Persönlichkeit Hofmannsthals gibt es sehr viele. Einige wesentliche Äußerungen und Briefe Hofmannsthals, die um die im Brief erwähnten Probleme kreisen, werden hier angefügt.

*Originalbeitrag.*

---

(32)* Salesianergasse 12, Wien III, Hofmannsthals Geburtshaus. Zitat nach: H. v. H.: Sämtliche Werke. Kritische Ausgabe. Bd. XXVIII. Hrsg. von Ellen Ritter. S. Fischer, Frankfurt a. M. 1975, S. 220.

(33)* Stefan George (1868–1933), bekannter deutscher Lyriker. Die Verbindung zu dem sechs Jahre jüngeren Hofmannsthal scheiterte an Georges hochmütigem und starrem Wesen.

## 2. Hugo von Hofmannsthal: An Stefan George[33]

*(24. 7. 1902)*
Ihr Brief trifft mich heute in einer der schlimmen tiefen Verstimmungen in der mich nicht nur jeder Glanz der inneren Anschauung sondern sogar die Klarheit des Denkens qualvoll verlorengeht. Lassen Sie mich Ihnen nicht viel klagen: eine ins Krankhafte gesteigerte Sorglichkeit und Bangigkeit meines Gemüthes läßt mich zu Zeiten, und diese Zeiten verbreitern sich in den letzten Jahren über viele Monate, aus allem und jedem, was mich umgiebt, aus dem Dasein meiner Eltern und anderer naher Menschen, aus dem Anblick der Landschaft, aus dem Gefühl des eigenen Wesens, aus jedem Buch, das ich berühre, nichts als den Stoff der Verdüsterung und Beklommenheit ziehen. Trüglich haucht das Bessere vorbei, Gedanke, inneres Bild, Freude der Erinnerung, und ist wieder im Augenblick dahin. [...] Die einmal erfaßten Gestalten fühle ich wie unter dem Spiegel eines stockenden Wassers in mir liegen, und ich wundere mich, daß sie nicht verwesen. [...]

*Briefwechsel zwischen George und Hofmannsthal. Hrsg. von Robert Boehringer. Zweite ergänzte Auflage, Helmut Küpper vormals Georg Bondi, München, Düsseldorf 1953, S. 162–163. Ausschnitte.*

## 3. Hugo von Hofmannsthal: An Leopold von Andrian[34]

*(9. 9. 1902, zusammen mit dem ›Chandos-Brief‹)*
[...] Ich schicke Dir diese Arbeit von mir, nicht weil ich ihr irgendwelche Bedeutung beilege, sondern aus zwei ande-

(34)* Leopold Freiherr von Andrian zu Werburg (1875–1951), österreichischer Dichter und Diplomat, gehörte zum engeren Freundeskreis des jungen Hofmannsthal. Autor der damals aufsehenerregenden impressionistischen Erzählung ›Der Garten der Erkenntnis‹ (1895).

ren Gründen: einmal weil sie, bei ihrer Kleinheit, wirklich fertig ist, [...] dann aber auch weil gerade dieser Arbeit, die keine dichterische ist, das Persönliche stark anhaftet und Du sie zum Teil wirst lesen können, wie einen von mir geschriebenen Brief, den Du auf dem Schreibtisch einer dritten Person gefunden hättest. [...]

*Hugo von Hofmannsthal/Leopold von Andrian: Briefwechsel. Hrsg. von Walter H. Perl. S. Fischer, Frankfurt a. M. 1968, S. 157. Ausschnitte.*

## 4. Hugo von Hofmannsthal: An Stefan George

*(14. 12. 1902)*
Ich kann es nicht mehr versuchen, mein monatelanges Stillschweigen im einzelnen zu rechtfertigen, obwohl mir jede Woche seit dem Ende des September deutlich genug im Gedächtnis ist und ich in jeder einzelnen mir den Augenblick wieder hervorrufen könnte, in welchem das Bedürfnis und der Wille, ja der fertige Entschluß, an Sie zu schreiben, von den widersprechendsten Erregungen jedesmal verschlungen wurde wie von aufschäumenden Wellen.
Es waren darunter Wochen der unglaublichsten inneren Erstarrung, in welcher ich, auf den Trümmern des Palatins sitzend, nicht einmal in Ihrem Buch die Kraft fand, mich über die brütende bange Verdrossenheit hinwegzuschwingen – in Ihrem Buch, von dem sonst ein einzelner Vers mich stundenlang beschäftigen und so mich erfreuen konnte, daß ich darüber – ich glaube es fest, so sonderbar es klingt – die Fähigkeit, selbst kurze Gedichte zu machen, verloren habe [...]

*Briefwechsel zwischen George und Hofmannsthal, s. o., S. 173. Ausschnitt.*

## 5. Hugo von Hofmannsthal: An Leopold von Andrian

*(16. 1. 1903)*

Von dem was Du tadelnd bemerkst will ich nur eines mit einem Einwand aufnehmen. Nämlich daß Du sagst, ich hätte mich zu diesen Geständnissen oder Reflexionen nicht einer historischen Maske bedienen, sondern sie direct vorbringen sollen. Ich ging aber wirklich vom entgegengesetzten Punkt aus. Ich blätterte im August öfters in den Essays von Bacon, fand die Intimität dieser Epoche reizvoll, träumte mich in die Art und Weise hinein, wie *diese* Leute des XVIten Jahrhunderts die Antike empfanden, bekam Lust, etwas in *diesem* Sprechton zu machen und der Gehalt, den ich, um nicht kalt zu wirken, einem eigenen inneren Erlebnis, einer lebendigen Erfahrung entleihen mußte, kam *dazu*. Ich dachte und denke an eine Kette ähnlicher Kleinigkeiten. Das Buch würde heißen »erfundene Gespräche und Briefe«. Ich denke, darin kein einziges bloß formales, costümiertes Totengespräch[35] zu geben – der Gehalt soll überall für mich und mir nahestehende actuell sein – aber wenn Du mich wieder heißen wolltest, diesen Gehalt direct zu geben, so ginge für mich aller Anreiz zu dieser Arbeit verloren – der starke Reiz für mich ist, vergangene Zeiten nicht ganz tot sein zu lassen, oder fernes Fremde als nah verwandt spüren zu machen. [. . .]

*Hugo von Hofmannsthal/Leopold von Andrian: Briefwechsel, s. o., S. 160–161. Ausschnitt.*

---

(35)* Eine Anspielung auf die ›Totengespräche‹, die Fritz Mauthner in verschiedenen Zeitschriften und Zeitungen in zwangloser Folge seit 1889 erscheinen ließ.

# V. ›Reitergeschichte‹ und ›Ein Brief‹ in der Literaturwissenschaft

## 1. Marianne Burkhard: [Die ›Reitergeschichte‹ als Gegenstück zum ›Chandos-Brief‹]

*(1975)*

[...] Das Grundproblem der ›Reitergeschichte‹ ist der Zerfall von Form und Welt und die Frage, wie die Form zu bewahren sei. Darin liegt ihre Verwandtschaft mit dem Chandosbrief. Unterschiedlich, ja gegensätzlich ist aber die Gestaltung des Problems und die Antwort auf die Frage nach der Erhaltung einer Einheit schaffenden Form. Die ›Reitergeschichte‹ stellt vorwiegend den Zerfall der Form und ihre Bedrohung durch die Formlosigkeit dar. Als Gegenkraft zu der letzteren zeigt Hofmannsthal die strenge Form selbst, die vom Rittmeister repräsentiert und auf Kosten des Lebens bewahrt wird. Form und Einheit werden durch äußere Macht wiederhergestellt. Solche Bewahrung der Form schließt jedoch das Leben aus.

An diesem Punkt setzt Hofmannsthals grundlegende Frage ein: Kann die Einheit von außen, allein durch die Macht einer festgelegten, nicht veränderlichen Form garantiert werden? Indem der Dichter die schöne Einheit des Anfangs von Zufällen abhängen und in Mailand schon leise fragwürdig erscheinen läßt, legt er schon früh eine negative Antwort nahe. Diese wird im weiteren verstärkt, wenn sich im Dorf und in der Schlußszene zeigt, wie schnell und vollständig die Form zerfällt. Rofranos Verhalten wird zwar als folgerichtig und als unter den gegebenen Umständen erklärlich geschildert, aber die Erzählung vermittelt dennoch indirekt Hofmannsthals Meinung, daß die Form nicht auf diese lebensfeindliche Art bewahrt werden sollte.

Der spätere Chandosbrief kommt zu einer andern Antwort. Zerfall und Formlosigkeit werden dort als fundamentale Elemente des Lebens anerkannt und in die als beweglich erkannte Lebensordnung aufgenommen. So findet Chandos von innen her einen Weg in eine neue, umfassendere Einheit, während Rofrano lediglich in die alte, übernommene Einheit zurückkehrt. Man kann die beiden Werke auch mit den zwei Arten von Wirbeln vergleichen, die Chandos beschreibt. Die Drohung der Formlosigkeit in der ›Reitergeschichte‹ führt in »Wirbel ..., die sich unaufhaltsam drehen und durch die hindurch man ins Leere kommt« (P II, 13[36]). Je mehr sich Lerch in seinem Machttraum der Formlosigkeit hingibt, desto mehr verliert er sich, bis er in die Leere des Todes fällt. Und Rofranos Verhalten dreht sich im Kreise, er kommt nur immer wieder zur alten Form zurück. Chandos spricht am Schluß des Briefes von Wirbeln, die »irgendwie in mich selber und in den tiefsten Schoß des Friedens« (P II, 19) führen, denn Form und Formlosigkeit sind für ihn nicht mehr Gegensätze, die sich unaufhörlich bekriegen, sondern die zwei fundamentalen Elemente, die erst in ihrer Verbindung eine volle, lebendige Einheit immer neu erzeugen. [...]

*Marianne Burkhard: Hofmannsthals ›Reitergeschichte‹ ein Gegenstück zum ›Chandos-Brief‹. In: Amsterdamer Beiträge zur Neueren Germanistik. Hrsg. von Gerd Labroisse. Band 4. Rodopi N.V., Amsterdam 1975, S. 52–53. Ausschnitt.*

(36)* Hofmannsthal, Prosa II, S. 13 (innerhalb der ›Gesammelten Werke in Einzelausgaben‹, vgl. Auswahlbibliographie am Ende dieses Bandes).

## 2. Mary E. Gilbert: [Die ›Reitergeschichte‹, eine symbolische Novelle]

*(1956)*

Im Mittelpunkt der Novelle steht *eine* Gestalt. Denn wenn auch rund ein Dutzend Menschen erwähnt werden, so hat doch keiner von ihnen eine Eigenexistenz. Die beiden einzigen Gestalten, die überhaupt mehr als genannt werden, sind jene schemenhaften Figuren, die des Wachtmeisters Schicksal bestimmen. Frau Vuic, im Morgenanzug mit weißer Haut, üppig, in halbslawischer Weise lächelnd, ihn geziert anredend – das ist alles, was Hofmannsthal schildert, und als einzige Berührung und Beziehung zu Lerch erwähnt er ein verlegenes Lachen mit in den Nacken gezogenem Kopf. Sie ist also ein flüchtig angedeuteter Frauentyp, keine aktive Gegenspielerin oder auch nur Mitspielerin im Geschehen. Auch der Rittmeister ist durchaus von außen gesehen, ein Typ der österreichischen Armee. Keine planvolle überlegte Tat dieser beiden bestimmt den Ablauf des Geschehens, sie sind ihrer ganzen Art nach nicht geeignet, energische, zielstrebige Gegenspieler zu sein. Was wissen wir nun von der Hauptgestalt? Wie sieht der Wachtmeister aus? Wie alt ist er? Was für ein Mensch ist er? Und was für ein Soldat? Wir wissen gar nichts von ihm. Wir hören nur die Ereignisse dieses letzten Lebenstages, die unvorhersehbaren und unberechenbaren Auswirkungen eines zufälligen Wiedersehens. Es ist das Schicksal eines Mannes, der plötzlich besessen wird von einem Wunschtraum; ein Seelenzustand, der zu einem Geschehen verdichtet ist.

Das Geschehen spielt gleichsam in zwei Bereichen, die beide nichts mit dem Willen und Bewußtsein des Helden zu tun haben: in dem militärischen, wo Gehorsam gilt und persönlicher Wunsch und Wille ausgeschaltet sind, und in dem des Unbewußten, wo mehr von einem Getriebensein die Rede sein kann als von einem Formen des eignen Schicksals. Der Tod des Wachtmeisters ist nicht von einer inneren Entscheidung abhängig, auch nicht die Folge einer Schuld; er ist das Ergebnis eines Verstricktwerdens, eines heimlichen Schwärens. Daher ist aber die ›Reitergeschichte‹ trotzdem keine psychologische Novelle, wenn man darunter die Abwicklung und Analyse eines inneren Vorganges versteht – wie ihn Schnitzler zum Beispiel in dem inneren Monolog seines ›Leutnant Gustl‹ gezeichnet hat. Hofmannsthal setzt das, was im Innern des Wachtmeisters vorgeht, seinen Seelenzustand, in Symbol und bildhafte Situationen um – hierin an Kleist erinnernd. [...]

*Mary E. Gilbert: Hugo von Hofmannsthals ›Reitergeschichte‹. Versuch einer Interpretation. In: Der Deutschunterricht, 8 (1956), Heft 3, S. 105. Ausschnitt. Ernst Klett Verlag, Stuttgart.*

## 3. Richard Alewyn: [›Reitergeschichte‹]

*(1962)*

Nach der Zeitrechnung können es nur ein paar Minuten gewesen sein, die der Wachtmeister im Hause Vuics verweilt hat. Die Ungeduld seines Pferdes weckt ihn wieder zum Bewußtsein der Gegenwart und seiner soldatischen Pflicht. Aber er kehrt zu ihr nicht zurück, ohne etwas hinterlassen zu haben. Es ist nichts als die Vorbestellung eines Quartiers, aber ihr wird eine eigentümliche Macht zugeschrieben, durch die ein Verhängnis besiegelt zu werden scheint. [...]

Der Wachtmeister, der sich beeilt, seine Eskadron wieder einzuholen, ist nicht der gleiche, der sie verlassen hat. Er ist hinfort ein Verlorener, die Beute schwärender und schweifender Wünsche. Einmal geweckt, erliegt seine Begehrlichkeit der zweiten Versuchung. Die Hoffnung auf billigen Ruhm und leichte Beute verlockt am Nachmittag den Weiterreitenden abermals vom Wege in ein abseitiges Reich. Aber dieses zeigt nun eine andere Gestalt. Es läßt die ehrbare Maske fallen und zeigt sein lemurenhaftes Gesicht.

Der einsame Ritt des Wachtmeisters durch das öde Dorf ist Mitte und Angelpunkt der Erzählung. Er ist die genaue Umkehrung des mittäglichen Ritts der Schwadron durch Mailand. Dort ein sieghafter Trab unter dem Geläute der

Glocken und dem Geschmetter der Trompeten durch volkreiche Straßen, hier ein langsamer, gelähmter Schritt durch ein geisterhaft verödetes Dorf: die Straßen schmutzig, die Häuser verkommen, die Menschen stumm und stumpf, die Tiere häßlich und unrein in ihrer schamlosen Kreatürlichkeit und selbst das Spiel der jungen Hunde freudlos und ohne Anmut. Es ist ein licht- und lautloses Schattenreich, durch das der Wachtmeister reitet. [...]
In der Tat, wortlos und reglos scheint diese Welt so sehr in sich selbst befangen, daß sie sich dem Fremden gegenüber noch nicht einmal feindlich oder herausfordernd verhält. Sie nimmt von seiner Anwesenheit überhaupt keine Notiz, und gerade das ist es, was sie so gespenstisch macht. [...]
Hier ist keine Gefahr mehr, der man zu Leibe gehen könnte, kein Feind, der sich – in jedem Sinne – angreifen ließe, und was hier von dem Wachtmeister gefordert wird, ist etwas ganz anderes als physische Tapferkeit, sondern eine Seelenkraft. Den Schlüssel dazu liefert die [...] Tagebuchstelle[37]. Ihr geht eine merkwürdige Notiz voran: *Magie, Fähigkeit, Verhältnisse mit Zauberblick zu ergreifen, Gabe, das Chaos durch Liebe zu beleben* (A 124)[38].
Das ist die Forderung, die an den Wachtmeister gestellt wird und der er nicht gewachsen ist. Als er seine Pistole zieht, um sich mit ihr Bahn zu schaffen, versagt sie. Die gleiche Lähmung hatte sich schon seines Pferdes bemächtigt. Schon von Anfang an hatte ihm der schlüpfrige Boden einen langsamen Schritt aufgenötigt, es hatte sich fortan nur mühsam weitergeschleppt, und alle Versuche, es zu einem schnelleren Gang anzuspornen, waren erfolglos geblieben.
Wäre es nicht um das Pferd, so könnten wir überhaupt zweifeln, ob diese Vision, so nüchtern sie beschrieben wird, nicht überhaupt die Ausgeburt des Wahns ist. Aber ist dieses Pferd, wie die Pistole, überhaupt etwas anderes als ein Stück des Wachtmeisters selbst? [...]
Spätestens an dieser Stelle wird offenbar, daß dieser Ort

(37)* Die Tagebuchstelle lautet: »totes dumpfes Hinlungern der Dinge im Halblicht«; Aufzeichnungen, S. 124.
(38)* Aufzeichnungen, S. 124 (ebenfalls in den Gesammelten Werken).

nicht der gewöhnlichen Wirklichkeit angehört. Er liegt ja auch außerhalb der normalen Zeit, wenn gesagt werden kann: *ihm war, als hätte er eine unmeßbare Zeit mit dem Durchreiten des widerwärtigen Dorfes verbracht.* Er liegt auch offensichtlich außerhalb des Raums. Denn während alle anderen Orte in dieser Geschichte so genau bezeichnet werden, daß man sie auf der Landkarte wiederfinden könnte, so trägt dieses Dorf als einziges noch nicht einmal einen Namen. Es ist keine irdische Wirklichkeit, die der Wachtmeister durchreitet, sondern eine innere Landschaft, die Landschaft seiner öden und verwahrlosten Seele.
Die Begegnung mit dem Doppelgänger, so weiß es der Volksglaube, ist das Vorzeichen des Todes, und ein vom Tode Gezeichneter bleibt der Wachtmeister seit dem Ritt durch dieses Unterreich, auch nachdem die Wiedervereinigung mit seinen beiden Begleitern ihn in die Wirklichkeit zurückversetzt hat und auch nachdem die hellen Trompetensignale ihn noch einmal dem Zauberkreis entrissen zu haben scheinen. Die greifbare physische Gefahr des Gefechts, die sich durch physisches Handeln bewältigen läßt, ist wie eine Befreiung, vielleicht die letzte Chance einer Rettung. Aber da stellt das tückische Glück dem noch halb Benommenen eine neue Falle, indem es ihm im Taumel des Gefechts die Beute zuspielt, nach der es ihn gelüstet hatte, in Gestalt eines edlen, schönen, jungen Pferdes. Sie wird seinen Untergang besiegeln. [. . .]
Die Exekution des Wachtmeisters ist brutal und ungeheuerlich. Mag auch der Befehl, die erbeuteten Pferde freizulassen, sich auf die militärische Vernunft berufen können, mag auch das Kriegsrecht die Insubordination vor dem Feinde mit dem Tode bedrohen, mag es auch dem örtlichen Kommandeur zugestehen, das Urteil unverzüglich und mit eigener Hand zu vollstrecken, so besteht dazu doch in dieser Lage keinerlei zwingende Notwendigkeit, und das Maß der Strafe steht in keinem vernünftigen Verhältnis zu dem Ausmaß des Vergehens. Was auch immer beim Tode des Wachtmeisters walten möge, mit Vernunft und Gerechtigkeit hat es nichts zu tun. Ist es darum ein sinnloser Zufall?

Alles kommt darauf an, zu verstehen, was in diesem Moment in den beiden Menschen vorgeht, die sich so Auge in Auge gegenüberstehen. [...]
Das Geduckte und Hündische, das in dem Gesicht des Wachtmeisters aufflackert, hat sich angesammelt in jahrelangem Zwang schweigenden Gehorchens. Der *bestialische Zorn,* von dem es beiseite geschwemmt wird, ist zwar freigesetzt durch die Erlebnisse dieses Tags, aber aufgestiegen ist er *aus einer ihm selbst völlig unbekannten Tiefe seines Innern.* Nun sieht er den Mann, den er oft gesehen hat, wie er ihn noch nie gesehen hat, den feinen Herrn mit dem vornehmen Namen, den gepflegten Händen, der eleganten Lässigkeit, der blasierten Stimme, der hochmütigen Oberlippe und den verschleierten Augen. Was sich in ihm auflehnt, ist älter als dieser Augenblick, es richtet sich auch gegen mehr als diesen einen Befehl, sondern gegen *das ganze Dasein dieses Menschen.*

*Richard Alewyn: Zwei Novellen. In: Richard Alewyn: Über Hugo von Hofmannsthal. Vandenhoeck & Ruprecht, Göttingen [4]1967 (Kleine Vandenhoeck-Reihe 17, 17a, 17b), S. 82–85. Ausschnitte.*

## 4. Theodore Fiedler: [Ironische Auffassung der ›Reitergeschichte‹]

*(1976)*

Hofmannsthals ironische Darstellung seiner zwei Hauptcharaktere – undurchsichtig, doch kategorisch im Falle Rofranos, offensichtlicher und ausführlicher, doch durch eine subtile Ambivalenz gemildert im Falle Lerchs – stellt den Leser schließlich vor ein Rätsel, das nur mittels einer Betrachtung der Verbundenheit des Werkes mit seinem historischen Fundament gelöst werden kann. Obwohl der österreichisch-italienische Konflikt ihren Hintergrund bildet, ist die ›Reitergeschichte‹ dennoch fest in der Gegenwart ihres Autors verwurzelt, im Wien des Fin de siècle oder, etwas allgemeiner gesehen, in der von Unruhen durchsetzten österreichischen Monarchie. Das Hauptanlie-

gen des Werkes, das bezeichnenderweise in die Vergangenheit projiziert ist, ist die sogenannte »sociale Frage«, ein komplexes Phänomen, mit dem sich Hofmannsthal seit Mitte der neunziger Jahre immer wieder auf diese oder jene Weise in solch diversen Werken wie ›Manche freilich ...‹, ›Das gerettete Venedig‹, ›Das Salzburger Große Welttheater‹ und ›Der Turm‹ beschäftigt hat[39].
In der ›Reitergeschichte‹ scheint Hofmannsthal bei seiner Behandlung dieses Phänomens nicht konsequent zu sein. Einerseits wird der Plebejer Anton Lerch als ein Streber gezeigt, der jede Gelegenheit nutzt, um seine persönliche Macht, seinen Reichtum und sein Ansehen innerhalb der bestehenden gesellschaftlichen Ordnung zu steigern. Er wird keineswegs als ein Revolutionär dargestellt. Hofmannsthal erwartet offensichtlich von seinen Lesern, daß sie Lerchs Wunschbild – eine Existenz, die aus einer seltsamen Mischung von angenehmer Gewalttätigkeit und bürgerlicher Behaglichkeit besteht – ablehnen. Mittels der Dorfepisode und der Erscheinung des Doppelgängers deutet er an, daß Lerch seinen neu erwachten Gelüsten zugunsten einer alles umfassenden Liebe entsagen und seinen Platz in der bestehenden Ordnung akzeptieren sollte. Gleichzeitig jedoch stellt Hofmannsthal die bestehende Ordnung selbst ironisch in Frage, nicht nur durch die Art seiner Darstellung der österreichischen Schwadron und insbesondere Rofranos, sondern vor allem durch seine mitfühlende Darstellung von Lerchs plötzlichem Zorn und seiner brutalen Erschießung durch den arroganten Rofrano, als sich die »sociale Frage« im Streit um den Eisenschimmel zu einem Klassenkampf zuspitzt. [...]

*Theodore Fiedler: Hofmannsthals ›Reitergeschichte‹ und ihre Leser. Zur Politik der Ironie. In: Germanisch-Romanische Monatsschrift, N. F., Band XXVI, 1976, S. 162–163. Ausschnitt. Carl Winter Universitätsverlag, Heidelberg.*

---

(39)* Manche freilich ...: Gedicht, 1895/96; Das gerettete Venedig: Trauerspiel, 1904; Das Salzburger Große Welttheater: Schauspiel, 1922; Der Turm: Trauerspiel, 1924/27.

## 5. Hermann Broch[40]: [Der ›Chandos-Brief‹ als Dokument seelischer Spaltung]

*(1951)*

Das Hervorbrechen des Irrsinns: wie solches sich vorbereitet, wird von Hofmannsthal im ›Brief des Chandos‹ dargetan. [...]

[...] Der ›Chandos-Brief‹ schildert den Extremfall der völligen Vernichtung, da hier der Mensch, unfähig zur Identifikation, unfähig zur Überwindung der Spannung zwischen dem Erkennen und dem Erkannten, restlos dem unerkennbaren Sein, den Dingen, ihrer unangreifbaren Feindlichkeit, ihrer Unbegreiflichkeit, ihrer Ironie ausgeliefert ist. Doch schon die Verzweiflung darüber, wie sie eben vom jungen Chandos geäußert wird, zeigt den paradox-fruchtbaren Gehalt des Vorganges, nämlich Identifikation des Subjekts mit einem identifikationsunfähigen Objekt, die Identifizierung mit ihrem eigenen Gegenteil, ohne die es für Hofmannsthal unmöglich gewesen wäre, die Chandossche Verzweiflung zu zeichnen. Dies aber, just dies ist die dialektische Struktur des dichterischen Prozesses: Ob nun wie hier Identifikation und Non-Identifikation zur Synthese gebracht werden oder ob das mit irgendeinem andern Gegensatzpaar geschieht, immer spiegelt sich darin der Ur-Gegensatz an sich, und der ist (zum Leidwesen der Freud-Schule) sicherlich nicht, oder höchstens in einem sehr übertragenen Sinn, der sexuelle, vielmehr ist er der von Ich und Non-Ich, von Ich-Sein und Welt-Sein, beides – dank der seelischen Spaltung – Wohnstatt des Menschen und der Quellpunkt seines Dichtens. [...]

*Hermann Broch: Hugo von Hofmannsthals Prosaschriften. In: Neue Rundschau, Jg. 62, Heft 2, 1951. Zitiert nach: Hugo von Hofmannsthal. Hrsg. von Sibylle Bauer. (Wege der Forschung, Band 183.) Wissenschaftliche Buchgesellschaft, Darmstadt 1968, S. 92–94. Ausschnitte. © Suhrkamp Verlag, Frankfurt a. M.*

---

(40)* Hermann Broch (1886–1951), österreichischer Dichter, bahnbrechender Erneuerer der deutschsprachigen Literatur neben Musil und im Gefolge von James Joyce, Marcel Proust und Virginia Woolf. Broch erkannte

# 6. Walter Jens: [Der ›Chandos-Brief‹ und die Revolution der deutschen Prosa]

*(1957)*

Die Revolution der deutschen Literatur, eine radikale Veränderung in Thema und Stil, beginnt um 1900 und erreicht bereits zwölf Jahre später, 1912, ihren Höhepunkt.

[...]

Ausgangspunkt jeder Analyse der neuen Revolution, man kann es nicht oft genug sagen, ist Hofmannsthals ›Brief des Lord Chandos‹ – ein Dokument, das an Konsequenz und Bedeutung die Thesen des Naturalismus weit übertrifft. Erst hier, in Philipp Chandos' Brief an Francis Bacon[41], nicht in den ›Kritischen Waffengängen‹ der Gebrüder Hart oder in Conrads ›Gesellschaft‹, nicht in Bleibtreus ›Revolution der Literatur‹ oder den Programmen Conradis und Henckels[42] bricht die Tradition des neunzehnten Jahrhunderts ab. Erst 1901 [1902!] trennen sich »damals« und

---

frühzeitig die Bedeutsamkeit Hofmannsthals, ähnlich wie dessen Freund Rudolf Borchardt. Broch schrieb den Roman ›Der Tod des Vergil‹, 1947.

(41)* Francis Bacon, Baron Verulam, Viscount of St. Albans (1561–1626), englischer Philosoph, Politiker und Schriftsteller. Begründer des englischen Empirismus. Die einzig verläßliche Quelle der Erkenntnis ist nach Bacon die Erfahrung (Beobachtung und Experiment. The Advancement of Learning, 1605).

(42)* Brüder Hart: Heinrich und Julius Hart (1855–1906; 1859–1930), deutsche Schriftsteller, Wegbereiter des Naturalismus in Deutschland; Herausgeber der ›Kritischen Waffengänge‹, Mitbegründer der ›Freien Bühne‹, der naturalistischen Zeitschrift in Berlin.

Michael Georg Conrad (1846–1927), naturalistischer deutscher Schriftsteller; Gründer und Herausgeber der frühnaturalistischen Zeitschrift ›Die Gesellschaft‹.

Karl Bleibtreu (1859–1928), deutscher naturalistischer Literaturtheoretiker und Schriftsteller. Mitbegründer der Zeitschrift ›Deutsche Bühne‹ in Berlin. Seine Schrift ›Revolution der Literatur‹ (1886) propagierte ein Zusammenwirken von Dichtkunst und Politik.

Hermann Conradi (1862–1890), deutscher naturalistischer Schriftsteller, gehörte mit den Brüdern Hart, Arno Holz, Johannes Schlaf, Karl Henckell und Gerhart Hauptmann zeitweilig zur Berliner Naturalistengruppe.

Karl Friedrich Henckell (1864–1929), deutscher naturalistischer Schriftsteller und Literaturtheoretiker, suchte eine Synthese von Naturalismus und sozialistischen Ideen.

»jetzt«, das »Ich« verliert vor dem Zugriff des »Ist« seine Macht, das Objekt entzieht sich dem Subjekt, der Gegenstand bestimmt die Person und beraubt den Autor seiner »Schöpfer«-Funktion, die Realität scheint nicht mehr mit der gewohnten Sprache zu bannen, die Einheit zerfällt: »Um mich kurz zu fassen: Mir erschien damals in einer Art von andauernder Trunkenheit das ganze Dasein als eine große Einheit: geistige und körperliche Welt schien mir keinen Gegensatz zu bilden, ebensowenig höfisches und tierisches Wesen, Kunst und Unkunst, Einsamkeit und Gesellschaft.«

»Damals«: das meint den Zustand vor dem Zerfall, die Ahnung einer unio mystica, die in der gleichen Sekunde zerbrach, als die Dinge aufhörten, sich gegenseitig zu bestätigen – Gleichnis im Gleichnis zu sein –, und ein Eigenleben zu führen begannen. In diesem Augenblick verwandeln sich die Visionen zu unverbindlichen Allegorien – Spinnennetzen, »durch welche meine Gedanken hindurchschießen, hinaus ins Leere, während so viele ihrer Gefährten dort hangenbleiben und zu einer Ruhe kommen«.

Begriffe und Formeln versagen, Abstraktionen wie »Geist« und »Seele« reichen nicht aus, um die komplexe Wirklichkeit adäquat zu beschreiben: dem Schillernd-Vielfältigen anheimgegeben, werden die Begriffe selber schillernd: »Die abstrakten Worte, deren sich doch die Zunge naturgemäß bedienen muß, um irgendwelches Urteil an den Tag zu geben, zerfielen mir im Munde wie modrige Pilze.«

Der Rubikon ist überschritten, die Entwicklung nicht mehr aufzuhalten: »Allmählich aber breitete sich diese Anfechtung aus wie ein um sich fressender Rost.« Philipp Lord Chandos kapituliert; verzagt, und kleinmütig gesteht er sein Versagen ein. Die Dinge haben sich von Objekten zu Partnern und von Partnern zu Gegnern entwickelt, die, abgetrennt und riesengroß, nicht mehr »mit dem vereinfachenden Blick der Gewohnheit zu erfassen sind«. (»Es zerfiel mir alles in Teile, die Teile wieder in Teile, und nichts mehr ließ sich mit einem Begriff umspannen.«) Nur das Unscheinbare, eine Gießkanne oder eine auf dem

Felde verlassene Egge, ein Kirchhof oder ein Traum von sterbenden Ratten, gewinnt zuweilen noch Realität und Bedeutung, ermöglicht Hinüberfließen und Kommunikation; aber die Verzauberung dauert nicht lange, und der Erwachende kann die Gesichte, »das Fluidum des Lebens und Todes« nicht mehr zur Sprache erheben, weil es diese Sprache, die Ausdrucksweise der Dinge, die Diktion des Objekts noch gar nicht gibt. [...]

*Walter Jens: Der Mensch und die Dinge. Die Revolution der deutschen Prosa. In: Akzente, 4, 1957. Zitiert nach: Hugo von Hofmannsthal. Hrsg. von Sibylle Bauer, s. o., S. 25–26. Ausschnitt.*

## 7. Gotthart Wunberg: [Die Chandos-Krise, ein erkenntnistheoretisches Problem]

*(1965)*

Daß man bei der Interpretation des ›Chandosbriefes‹ bislang zu einseitig von der Sprachproblematik ausgegangen ist, hat den Blick auf die eigentliche Problematik etwas verstellt. Schon die Tatsache, daß dem Schreiber die bisherige Wirklichkeit nichts mehr sagt, daß er keinen Gefallen mehr an konventionellen Gegebenheiten und Formulierungen findet, dafür aber gerade ganz unscheinbare und unwichtige Dinge entdeckt, die ihm zum Erlebnis werden, zeigt, daß erst das Objekt verlorengeht und dann – als Folge davon – die Sprache, die es hätte erfassen sollen, weil sie funktionslos geworden ist. Objektverlust ist in erster Linie ein erkenntnistheoretisches und kein sprachtheoretisches oder sprachpsychologisches Problem, wenngleich das eng miteinander zusammenhängt. Es bleibt aber im ›Chandosbrief‹ keineswegs bei diesem Defizienzerlebnis. Die Schilderung der Ratten im Keller und des Schwimmkäfers in der Gießkanne, der von der einen Seite zur andern rudert und nicht herauskommen kann, wird in dem sehr entscheidenden Satz zusammengefaßt:
*Es erscheint mir alles, alles, was es gibt, alles, dessen ich*

*mich entsinne, alles, was meine verworrensten Gedanken berühren, etwas zu sein.*

Schon durch die so stark hervortretenden Reihungen wird der Satz sprachlich deutlich aus dem Kontext herausgehoben. Auffallend ist aber vor allem die Affinität zur Philosophie Ernst Machs, wo sich Dinge und Ich auch nur [...] aus einander gleichberechtigten »Elementen« zusammensetzen (und nur deshalb der oben besprochenen Wertnivellierung anheimfallen können!), so daß, wie hier, alles etwas »ist«.

Liest man den ›Chandosbrief‹ einmal unter diesem mehr erkenntnistheoretischen Aspekt durch, dann stellt man fest, daß Begriffe wie *Geist, Denken, Gedanke, Begriff, Urteil, abstrakt, Allegorie, Hirn* und andere etwa zwanzigmal an entscheidender Stelle vorkommen. Das beginnt bereits im zweiten Abschnitt, als Chandos von seiner *geistigen Starrnis* spricht, was sich zur *Krankheit meines Geistes* und schließlich am Ende zur *Starre meines Innern* kristallisiert. [...]

Was Chandos dazu zwingt, die Dinge plötzlich *in einer unheimlichen Nähe zu sehen,* so daß sie sich ihm wie unter einem Mikroskop in lauter kleine Bestandteile auflösen, ist sein *Geist.* [...]

[...] Schließlich erreicht die Argumentation des Chandos, daß er zwar die Sprache verloren, aber das Denken gewonnen habe, seinen Höhepunkt am Schluß. Er erzählt die Geschichte des Crassus und spricht davon, daß es ihm sei, als geriete er von Zeit zu Zeit in Gärung, als fände er sich in einer Art *fieberischem Denken.* Er beschreibt es als *Denken in einem Material, das unmittelbarer, flüssiger, glühender ist als Worte.* Und es scheint sehr bezeichnend, daß er sich hier das einzige Mal im ganzen Brief ausdrücklich auf eine vorher gemachte Bemerkung zurückbezieht. Er fährt fort: *Es sind gleichfalls Wirbel, aber solche, die nicht wie die Wirbel der Sprache ins Bodenlose zu führen scheinen, sondern irgendwie in mich selber und in den tiefsten Schoß des Friedens.* Damit knüpft er an die vorher gemachte Bemerkung an, daß die Wirbel der Sprache ins Leere führen. Die völlig neue und von ihm noch nicht einmal richtig zu benennende Fähigkeit, die er gewonnen hat, nämlich das Denken, führt aber nicht ins Leere, sondern auf ihn selbst zurück. Reflexion führt letztlich immer nur in das Ich selbst hinein, hat dort Ausgang, aber auch Endpunkt, weshalb Hofmannsthal sogar vom *tiefsten Schoß des Friedens* sprechen kann. [...]

*Gotthart Wunberg: Der frühe Hofmannsthal. Schizophrenie als dichterische Struktur. Kohlhammer, Stuttgart/Berlin/Köln/Mainz 1965 (Sprache und Literatur, 25), S. 113–115. Ausschnitte.*

## 8. Rolf Tarot: [Keine Sprachproblematik Hofmannsthals?]

*(1970)*

[...] Die Aktualität des ›Briefs‹ liegt nicht in der Möglichkeit einer Gleichsetzung der Sprachproblematik bei Chandos und Hofmannsthal, wohl aber in der Spiegelung dichterischer Sprachproblematik unter verschiedenen historischen Voraussetzungen. Darüber hinaus gibt es weitere Unterschiede und Gemeinsamkeiten. Mit seiner fingierten Gestalt teilt Hofmannsthal das Erlebnis der »guten Augenblicke«, die er mit unterschiedlichen Namen benennt.[43] Es sind »Augenblicke, in denen man die Größe und unsägliche Erhabenheit des Mensch-Seins dunkel ahnend spürt«[44]. In religiöser Hinsicht zieht Hofmannsthal die gleichen Konsequenzen wie der »Mystiker ohne Mystik« im ›Brief‹. Er ist sich der symbolischen Form der

(43) Einige Beispiele: »göttlicher Augenblick« (PI 227); »höchste Augenblicke« (PIV 406), »höchste Glücksmomente« (an C. J. Burckhardt*, 28. 10. 1922). Die Forschung spricht gern vom »magischen Augenblick«.
[* Carl Jakob Burckhardt (1891–1974), Schweizer Kulturphilosoph, Politiker, Historiker und Literat; seit 1919 mit Hofmannsthal befreundet.]
(44) H. v. H. – v. Bebenburg*, 27. 9. 1894, S. 59. Vgl. auch A 34: »Die Ideen sind aber nichts, woran man festhalten könnte; sie sind ein Jenseitiges, das sich uns in höchsten Augenblicken enthüllt und sich wieder entzieht.«
[* Edgar Freiherr Karg von Bebenburg (1872–1905), österreichischer Marineleutnant; Jugendfreund Hofmannsthals.]

Religion bewußt und spricht das gelegentlich aus: »Hüten Sie sich vor allem, was eine Form hat, ob es der Katholizismus ist oder die sozialistischen Ideen. Man verfängt sich in Formen, sie sind entsetzliche Netze.«[45] Mit Chandos teilt Hofmannsthal die Skepsis in bezug auf Begriffe, die abstrakten Worte.[46] Wie Chandos führt er ein Leben innerhalb der menschlichen Gemeinschaft. Im Gegensatz zu Chandos bricht sein Dichten erst mit dem Tode ab. Für Chandos bedeuten die Erlebnisse der guten Augenblicke einen *Bruch* in seiner literarischen Betätigung, für Hofmannsthal eine *Metamorphose.* Der »Anstand des Schweigens« als Fazit heißt für Chandos Verzicht auf Dichten überhaupt, für Hofmannsthal nur Verzicht auf bestimmte Formen des Dichtens. [...]

*Rolf Tarot: Hugo von Hofmannsthal. Daseinsformen und dichterische Struktur. Niemeyer, Tübingen 1970, S. 382. Ausschnitt.*

## 9. Donald G. Daviau: [Kritik an der landläufigen Chandos-Deutung]

*(1971)*

[...] Strenggenommen basiert der ›Chandos-Brief‹ auf einer unmöglichen Voraussetzung, der Absurdität, daß ein Mensch wie Chandos überhaupt einen Brief schreiben konnte, und darüber hinaus noch einen solch komplexer Gedanklichkeit. Wenn Chandos feststellt, daß er der Fähigkeit, in Zusammenhängen zu denken oder zu sprechen,

---

(45) An Ria Schmujlow-Claassen, 13. 4. 1898, BI 243. – Ich verweise zu diesem heute eher gemiedenen Problem auf die Aussage von Leopold von Andrian, in: H. A. Fiechtner, H. v. H. Der Dichter im Spiegel der Freunde, S. 79. – Ein frühes Bekenntnis findet sich gegenüber Edgar Karg von Bebenburg, 18. 6. 1895, S. 83, wo »großes Leben« und »Gott« vorsichtig analog gesetzt werden; vgl. dazu auch H. v. H. – v. Bebenburg, S. 59.

(46) In dem bereits zitierten Brief an Edgar Karg von Bebenburg meint er, »man soll sich gar nicht darum kümmern« (S. 81), fügt aber gleich hinzu: »freilich ist es verwirrend wenn man so viele viele Menschen sieht, die immer in den Begriffen herumzerren wie Hunde in einem alten Knochen und man will sich nicht getrauen dieses ganze Treiben für nichts zu achten« (S. 81); vgl. H. v. H. – v. Bebenburg, 18. 6. 1895.

völlig verlustig gegangen sei, so schließt dies die Fähigkeit, irgend etwas zu schreiben, vor allem einen Brief solcher Feststellungen, mit ein.
Das Entscheidende aber ist, daß Chandos, der eine fiktive Person darstellt, den Brief gar nicht schrieb, sondern Hofmannsthal, der zweifelsohne das Chandosproblem des Orientierungsverlustes nicht hat. Hofmannsthal ist in der Lage, den Brief zu verfassen, so wie ihn Chandos vermutlich geschrieben hätte, wenn er zu schreiben fähig wäre. [...] Es sei demgemäß mit Nachdruck betont, daß das Schicksal Chandos' niemals für Hofmannsthal eine echte Möglichkeit bedeutet hätte. Chandos' grundsätzliche Abkehr vom Leben muß als negative Entscheidung gewertet werden, Hofmannsthal hingegen war sein ganzes Leben hindurch weltzugewandt. [...]
Es führt zu einem Fehlschluß, wenn man gemäß der Meinung, Chandos und Hofmannsthal seien identisch, Hofmannsthal ohne sorgfältige Abwägung aus den Worten des Lord Chandos zu interpretieren meint. In der gegenwärtigen Hofmannsthaldeutung, die nicht geneigt ist, zwischen beiden Persönlichkeiten zu unterscheiden, fehlt es leider an solcher Differenzierung.
[...] Chandos leidet nicht unter einer Sprachproblematik, sondern an einer Lebenskrise, die sich hauptsächlich in der Unfähigkeit, zusammenhängend zu denken und zu sprechen, manifestiert. Hofmannsthal vermeidet geflissentlich, die Ursache des Chandosproblems anzugeben; höchstwahrscheinlich ist sie ihm selber unbekannt; aber er beschreibt die Wirkung, ohne den Grund zu erwähnen. Es ist jedoch augenscheinlich, daß Chandos, der es nicht fertigbringt, mit seiner vierjährigen Tochter zu sprechen, das Opfer einer Neurose ist, die viel tiefer reicht, als sich in oberflächlicher Sprachskepsis kundtut. [...]

*Donald G. Daviau: Hugo von Hofmannsthal and the Chandos Letter. In: Modern Austrian Literature, Vol. 4, No. 2, 1971, S. 30 bis 33. Ausschnitte. Als Originalbeitrag übersetzt von Hans-Ulrich Lindken.*

## 10. Gert Sautermeister: [Der ›Chandos-Brief‹ als Dokument dekadenter Selbsttäuschung]

*(1979)*

[...] Welch hintersinnige Bewandtnis es mit dem dichterischen Wesen hat, enthüllt der ›Brief des Lord Chandos‹. Als Dokument einer modernen Sprachkrise genießt er in der Literaturwissenschaft epochalen Rang, wirkt er an der vom jungen Hofmannsthal bis heute ausgehenden Faszination maßgeblich mit. [...]

Was widerfährt jemandem, der sein Dasein nicht länger in Begriffe zu fassen vermag und den es daher »geistlos« und »gedankenlos« dünkt – jemandem, dem die Fähigkeit abhanden gekommen ist, künstlerische und alltägliche Phänomene »als die Hieroglyphen einer geheimen, unerschöpflichen Weisheit« aufzuschließen, »deren Anhauch ich manchmal, wie hinter einem Schleier, zu spüren meinte«? Er lüftet den Schleier, indem er sich nicht länger anmaßend-aktiv, sondern vielmehr bescheiden-passiv verhält, nicht mehr das Mysterium Welt in naiver Kraftfülle aufschließt, sondern es sich in gebrochener Selbstbescheidung aufschließen läßt. Die Differenz zwischen dem alten und dem neuen Zustand, um die der Briefschreiber so viel Aufhebens macht, ist winzig genug: Statt daß er selber den Schlüssel zum Weltgeheimnis in den Händen hält und dieses meint »aufsperren« zu können, wird ihm der Schlüssel jetzt nur noch momentan, aber wirkungsvoll zugespielt, so daß sein »Körper aus lauter Chiffern« besteht, die ihm mutmaßlich »alles aufschließen« können. Dem Briefschreiber entgeht, daß ihm jetzt als Wesen der Dinge erscheint, was er früher in sie projiziert hat. Die »Einheit« »traumhafter überirdischer Natur«, die er bisher selbsttätig »in einer Art von andauernder Trunkenheit« hergestellt hat, tritt ihm jetzt aus den Teilen und Bruchstücken der Welt entgegen als eine »mich und die ganze Welt durchschwebende Harmonie«. Die Selbsttäuschung ist vollendet. [...]

Sprachkrise? Gerade der Passus über die sterbenden Ratten führt den der Sprache vorgeblich nicht Mächtigen auf die Höhe ekstatischer Wortkunst. Nicht ohne Koketterie und heimlichen Selbstapplaus dürfte in diesem Brief die Verzweiflung an der Sprache mit solcher Eloquenz beredet sein – der Eloquenz des Ästhetizismus. Am Sinn seiner Lebenspraxis irre geworden, seinem Besitz und seinen Mitmenschen entfremdet, schlägt der feudale Visionär aus Todesschreien, Verzweiflung und Zerstörung den Funken des Göttlichen: die vollste erhabenste Gegenwart. In ihr täuscht er sich über seine eigene, leere und langweilige Gegenwart hinweg: die Gegenwart dessen, der einen gesellschaftlichen Sinn seines praktischen Tuns nicht zu entdecken vermag, dafür mit seiner inspirativen Mystik ins Weltgeheimnis rückt, im übrigen aber einen Rest an Menschlichkeit für jenen alten Römer reserviert, dem die Liebe zu einem rotäugigen Fisch über alles geht – auch über Menschenliebe und auch über einen »die erhabensten Dinge beratenden, weltbeherrschenden Senat«. Dieser pathetisch raunende, gegenüber der Weltpolitik und den Mitmenschen indifferente Edelmann, der Lust auch aus der Zerstörung gewinnt und dem die stumme Kreatur teurer ist als die sprechende und leidende: er trägt prophetische Züge. Am Ersten Weltkrieg, dessen Elend er schwerlich hätte nachvollziehen können, entzündet sich ein gutes Jahrzehnt später die Begeisterung vieler Dichter seines Schlages. [. . .]

*Gert Sautermeister: Irrationalismus um die Jahrhundertwende. Hofmannsthals ›Manche freilich müssen drunten sterben‹ und der ›Brief des Lord Chandos‹. In: Text & Kontext 7; 2, 1979, S. 81–82, 84–85. Ausschnitte.*

**Hugo von Hofmannsthal.**
*Foto: Thea Sternheim, 1911. Mit freundlicher Genehmigung des Schiller-Nationalmuseums. Marbach a. N.*

# Zeittafel zu Leben und Werk

| | |
|---|---|
| 1874 | 1. 2.: Hugo Laurenz August Hofmann, Edler von Hofmannsthal, wird als einziges Kind des Bankdirektors Dr. jur. Hugo von Hofmannsthal und seiner Frau Anna, geb. Fohleutner, in Wien geboren. |
| 1884–1892 | Besuch des Akademischen Gymnasiums in Wien. |
| 1890 | Erste Veröffentlichung, pseudonym; Gast im Literatencafé Griensteidl. Bekanntschaft mit Schnitzler, Beer-Hofmann und Salten. |
| 1891 | Besuch bei Ibsen; Bekanntschaft mit Hermann Bahr und Stefan George. Druck der dramatischen Studie ›Gestern‹. |
| 1892 | Frankreichreise; Veröffentlichung des Bruchstückes ›Der Tod des Tizian‹. |
| 1892–1894 | Jura-Studium an der Wiener Universität. |
| 1893 | ›Der Tor und der Tod‹ (lyrisches Drama); Bekanntschaft mit Leopold von Andrian. |
| 1894 | Erstes juristisches Staatsexamen, vom Oktober bis September 1895 Freiwilligenjahr bei dem k.u.k. Dragonerregiment 6 in Göding. |
| 1895 | ›Terzinen‹ (Über Vergänglichkeit); ›Das Märchen der 672. Nacht‹. Ab Oktober Studium der romanischen Philologie in Wien. |
| 1896 | Waffenübung in Tlumacz (Ostgalizien); Bekanntschaft mit Otto Brahm. |
| 1897 | Dissertation: ›Über den Sprachgebrauch bei den Dichtern der Plejade‹. Die Dramen: ›Das kleine Welttheater‹, ›Die Frau im Fenster‹, ›Der weiße Fächer‹, ›Die Hochzeit der Sobeide‹, ›Der Kaiser und die Hexe‹. |
| 1898 | Erste Aufführung eines Stückes: ›Die Frau im Fenster‹ (Berlin); Waffenübung in Czortkow in Ostgalizien; Reise nach Venedig. |
| 1899 | Kontakte zu Gerhart Hauptmann in Berlin; ›Das Bergwerk zu Falun‹, ›Reitergeschichte‹. |
| 1900 | Kontakte zu Rudolf Alexander Schröder; Bekanntschaft mit Maeterlinck und Rodin anläßlich einer Parisreise. ›Das Erlebnis des Marschalls von Bassompierre‹. |
| 1900–1901 | Habilitationsschrift: ›Studie über die Entwickelung des Dichters Victor Hugo‹. |

| | |
|---|---|
| 1901 | Heirat mit Gerty Schlesinger in Wien, Übersiedlung nach Rodaun bei Wien; Rücknahme des Gesuches um die Venia legendi für romanische Philologie an der Universität Wien. |
| 1902 | Besuch des Dichters Rudolf Borchardt in Rodaun; Geburt der Tochter Christiane; ›Ein Brief‹; September und Oktober Aufenthalt in Rom, anschließend in Venedig; ›Das gerettete Venedig‹. |
| 1903 | Begegnung mit Stefan George in München; erste Kontakte zu Max Reinhardt; Geburt des Sohnes Franz; Uraufführung der ›Elektra‹ (Reinhardt-Inszenierung). |
| 1905 | Treffen mit André Gide in Paris; Bearbeitung des ›König Ödipus‹ von Sophokles. |
| 1906 | Begegnung mit Richard Strauss in Berlin; Bruch mit Stefan George; Geburt des Sohnes Raimund; ›Jedermann‹ (Prosafassung). |
| 1907 | ›Andreas‹-Roman (erste Fassung); ›Silvia im ‹Stern›‹; Rilke in Rodaun. |
| 1908 | Reise nach Griechenland; ›Cristinas Heimreise‹. |
| 1909 | Uraufführung der Oper ›Elektra‹ (Musik: Richard Strauss); ›Der Rosenkavalier‹, ›Lucidor‹. |
| 1911 | Uraufführung ›Der Rosenkavalier‹ in Dresden (Musik: Richard Strauss); ›Jedermann‹, ›Ariadne auf Naxos‹; Reise nach Hamburg und Dänemark. 1. 12.: Uraufführung ›Jedermann‹ in Berlin. |
| 1912 | Uraufführung der ›Ariadne auf Naxos‹ in Stuttgart. |
| 1913 | Mit Richard Strauss in Rom, anschließend mit R. A. Schröder bei R. Borchardt in Lucca. ›Die Frau ohne Schatten‹ (Märchen und Oper). |
| 1914 | Juli: Einberufung als Landsturmoffizier nach Pisino in Istrien. |
| 1915 | Mai–Juni: Dienstreise nach Krakau. |
| 1916 | Januar–Februar: Berlinreise, Juli: Polenreise, November–Dezember: Skandinavienreise (Vorträge); ›Ad me ipsum‹. |
| 1917 | März: Reise in die Schweiz, Juni: Prag; Beginn des Briefwechsels mit dem Dichter und Kulturphilosophen Rudolf Pannwitz; ›Der Schwierige‹. |
| 1918 | Begegnung mit Carl Jakob Burckhardt. |
| 1919 | Uraufführung ›Die Frau ohne Schatten‹ in Wien. |
| 1920 | Mai–Juni: Reise nach Italien und in die Schweiz. Treffen mit dem Literarhistoriker Josef Nadler. Auf- |

enthalt bei C. J. Burckhardt auf dem Schönenberg (Schweiz); 22. August: ›Jedermann‹ auf dem Domplatz in Salzburg, Beginn der Salzburger Festspiele (nach dem Plan von Max Reinhardt und Hofmannsthal).

1921 Uraufführung ›Der Schwierige‹ in München; ›Das Salzburger Große Welttheater‹; Druck: ›Der Schwierige‹.

1922 ›Der Unbestechliche‹; Uraufführung ›Das Salzburger Große Welttheater‹ in der Kollegienkirche in Salzburg.

1923 Uraufführung ›Der Unbestechliche‹ in Wien; ›Die ägyptische Helena‹; Filmdrehbuch zum ›Rosenkavalier‹.

1924 Oktober: Vollendung der ersten Fassung des Trauerspiels ›Der Turm‹.

1925 Februar–März: Reise nach Marokko, über Paris; Mai bis Juni: London und Oxford; Druck: ›Der Turm‹ (erste Fassung).

1926 Umarbeitung des Trauerspiels ›Der Turm‹.

1927 Januar: Rede: Das Schrifttum als geistiger Raum der Nation (Universität München); Februar: Sizilienreise; ›Arabella‹; ›Der Turm‹ (zweite Fassung) erscheint.

1928 Uraufführung ›Der Turm‹ (zweite Fassung) in München und Hamburg; Heirat der Tochter Christiane mit dem Heidelberger Indologen Heinrich Zimmer; Druck: ›Die ägyptische Helena‹.

1929 Februar–März: In Basel bei Burckhardt, in Heidelberg und München; Mai: Italienreise, Besuch bei R. Borchardt; Juni: Vollendung der ›Arabella‹ (später von R. Strauss vertont); 13. Juli: Freitod des Sohns Franz; 15. Juli: Tod Hofmannsthals.

*Nach: Hugo von Hofmannsthal in Selbstzeugnissen und Bilddokumenten. Dargestellt von Heiner Volke. Rowohlt Taschenbuch Verlag GmbH, Reinbek bei Hamburg 1967, S. 168–172.*

# Auswahlbibliographie

## Ausgaben

Hugo von Hofmannsthal: Gesammelte Werke in Einzelausgaben (15 Bände). S. Fischer Verlag, Frankfurt a. M. 1953–64.

Hugo von Hofmannsthal: Sämtliche Werke. Kritische Ausgabe. Veranstaltet vom Freien Deutschen Hochstift, hrsg. von Heinz Otto Burger, Rudolf Hirsch, Detlev Lüders, Heinz Rölleke, Ernst Zinn. Bd. XXVIII. Erzählungen 1, hrsg. von Ellen Ritter. S. Fischer Verlag, Frankfurt a. M. 1975.

## Zu Hugo von Hofmannsthal

Hofmannsthal-Blätter. Veröffentlichungen der Hugo von Hofmannsthal-Gesellschaft Frankfurt a. M. E. V. (In halbjährlicher Folge ab Herbst 1968 bis Herbst 1971; in jährlicher Folge 1972–1979. Hefte 1–7, 8/9–21/22.) Verlag Lothar Stiehm, Heidelberg. Ab 1974: Hugo von Hofmannsthal-Gesellschaft, Frankfurt a. M. Darin fortlaufend: Hugo-von-Hofmannsthal-Bibliographie.

Paul Böckmann: Die Bedeutung Nietzsches für die Situation der modernen Literatur. In: Deutsche Vierteljahrsschrift für Literaturwissenschaft und Geistesgeschichte, 27. Jg., 1953, Heft 1, S. 77–101.

Theodore Ziolkowski: James Joyce's Ephiphanie und die Überwindung der empirischen Welt in der modernen deutschen Prosa. In: Deutsche Vierteljahrsschrift, 35. Jg., 1961, Heft 4, S. 594–616.

Gotthart Wunberg: Der frühe Hofmannsthal. Schizophrenie als dichterische Struktur. Kohlhammer, Stuttgart/Berlin/Köln/Mainz 1965.

Richard Alewyn: Über Hugo von Hofmannsthal. Vandenhoeck & Ruprecht, Göttingen [4]1967.

Hugo von Hofmannsthal. Hrsg. von Sibylle Bauer. (Wege der Forschung, Band CLXXXIII.) Wissenschaftliche Buchgesellschaft, Darmstadt 1968.

Rolf Tarot: Hugo von Hofmannsthal. Daseinsformen und dichterische Struktur. Niemeyer, Tübingen 1970.

Hofmannsthal im Urteil seiner Kritiker. Dokumente zur Wirkungsgeschichte Hugo von Hofmannsthals in Deutschland. Hrsg., eingeleitet und kommentiert von Gotthart Wunberg. (Wirkung der Literatur. Deutsche Autoren im Urteil ihrer

Kritiker. Hrsg. von Karl Robert Mandelkow. Band 4.) Athenäum, Frankfurt a. M. 1972.
Manfred Diersch: Empiriokritizismus und Impressionismus. Über Beziehungen zwischen Philosophie, Ästhetik und Literatur um 1900 in Wien. Rütten & Loening, Berlin (DDR) 1973 (Neue Beiträge zur Literaturwissenschaft, Band 36).
Joachim Kühn: Gescheiterte Sprachkritik. Fritz Mauthners Leben und Werk. De Gruyter, Berlin/New York 1975.
Horst Althaus: Zwischen Monarchie und Republik. Schnitzler – Hofmannsthal – Kafka – Musil. Fink, München 1976.

## Zum ›Brief‹ des Lord Chandos

H. Stefan Schultz: Hofmannsthal and Bacon: The Sources of the Chandos Letter. In: Comparative Literature, Vol. XIII, 1961/1, S. 1–15.
Richard Brinkmann: Hofmannsthal und die Sprache. In: Deutsche Vierteljahrsschrift, 35. Jg., 1961, Heft 1, S. 69–95.
Georg Krainer: Hugo von Hofmannsthal: Ein Brief. In: Wiener Jahrbuch für Philosophie, 1, 1968, S. 200–213.
Donald G. Daviau: Hugo von Hofmannsthal and the Chandos Letter. In: Modern Austrian Literature, Vol. 4/2, 1971, S. 28–44.
Franz M. Kuna: Von Barrès' Philippe bis zu Philipp Lord Chandos: Die Entwicklung einer Form. In: Peripherie und Zentrum. Studien zur österreichischen Literatur. Festschrift für Adalbert Schmidt. Hrsg. von Gerlinde Weiss und Klaus Zelewitz. Verlag Das Bergland-Buch, Salzburg/Stuttgart/Zürich 1971, S. 121–135.
Konrad Kenkel: Die Funktion der Sprache bei Hofmannsthal vor und nach der Chandos-Krise. In: Texte und Kontexte. Studien zur deutschen und vergleichenden Literaturwissenschaft. Festschrift für Norbert Fuerst zum 65. Geburtstag. Hrsg. von Manfred Durzak, Eberhard Reichmann und Ulrich Weisstein. Franck, Bern/München 1973, S. 209–234.
Bert Nagel: Die Sprachkrise eines Dichters. Zum Chandos-Brief Hugo von Hofmannsthals. In: Antiquitates Indogermanicae. Studien zur indogermanischen Altertumskunde und zur Sprache und Kulturgeschichte der indogermanischen Völker. Gedenkschrift für Hermann Güntert zur 25. Wiederkehr seines Todestages. Hrsg. von Manfred Mayrhofer, Wolfgang Meid u. a. Innsbruck 1974 (Innsbrucker Beiträge zur Sprachwissenschaft), S. 487–503.

Hans Steffen: ›Wahre Sprachliebe ist nicht möglich ohne Sprachverleugnung‹. Die Kunstform des Chandosbriefes. In: Germanisch-Romanische Monatsschrift, N. F., Band XXIV, 1974, S. 430–445.

Benjamin Bennett: Chandos and his Neighbors. In: Deutsche Vierteljahrsschrift, 49. Jg., 1975, Heft 2, S. 315–331.

Marianne Burkhard: Hofmannsthals ›Reitergeschichte‹ ein Gegenstück zum ›Chandos-Brief‹. In: Amsterdamer Beiträge zur Neueren Germanistik. Hrsg. von Gerd Labroisse. Band 4, 1975, S. 27–53.

Claudio Magris: Der Zeichen Rost. Hofmannsthal und ›Ein Brief‹. In: Sprachkunst 1975, S. 53–74.

Jürgen Kramer: Körper, Geist, Sprache. Über den Zusammenhang von Kleists Dialog ›Über das Marionettentheater‹ und Hofmannsthals ›Brief‹ des Lord Chandos. In: Diskussion Deutsch, 7, 1976, S. 164–175.

Werner Kraft: Der Chandos-Brief und andere Aufsätze über Hofmannsthal. Agora Verlag, Darmstadt/Berlin 1977, S. 9–54.

Gert Sautermeister: Irrationalismus um die Jahrhundertwende. Hofmannsthals ›Manche freilich müssen drunten sterben‹ und der ›Brief des Lord Chandos‹. In: Text & Kontext, 1979, S. 69–87.

## Zur ›Reitergeschichte‹

Benno von Wiese: Reitergeschichte. In: B. v. W.: Die deutsche Novelle von Goethe bis Kafka. Interpretationen. Bagel, Düsseldorf 1956, S. 284–303.

Mary E. Gilbert: Hugo von Hofmannsthals ›Reitergeschichte‹. Versuch einer Interpretation. In: Der Deutschunterricht, 8 (1956), Heft 3, S. 101–112.

Gerhard Träbing: Hugo von Hofmannsthals ›Reitergeschichte‹. Beitrag zu einer Phänomenologie der deutschen Augenblicksgeschichte. In: Deutsche Vierteljahrsschrift, 43. Jg., 1969, Heft 4, S. 707–725.

Ulrich Heimrath: Hugo von Hofmannsthals ›Reitergeschichte‹. Eine Interpretation. In: Wirkendes Wort, 21. Jg., 1971, Heft 5, S. 313–318.

Volker O. Durr: Der Tod des Wachtmeisters Anton Lerch und die Revolution von 1848: Zu Hofmannsthals ›Reitergeschichte‹. In: The German Quarterly, Vol. XLV/1, 1972, S. 33–46.

Hugo Schmidt: Zum Symbolgehalt der ›Reitergeschichte‹ Hof-

mannsthals. In: Views and reviews of modern German Literature. Festschrift for Adolf D. Klarmann. Ed. by Karl S. Weimar. Dalp, München 1974, S. 70–83.
Theodore Fiedler: Hofmannsthals ›Reitergeschichte‹ und ihre Leser. Zur Politik der Ironie. In: Germanisch-Romanische Monatsschrift, N. F., Band XXVI, 1976, S. 140–163.
Josef Kunz: Hugo von Hofmannsthal: Reitergeschichte. In: J. K.: Die deutsche Novelle im 20. Jahrhundert. Erich Schmidt, Berlin 1977 (Grundlagen der Germanistik, Band 23), S. 115–123.
Peter Mollenhauer: Wahrnehmung und Wirklichkeitsbewußtsein in Hofmannsthals ›Reitergeschichte‹. In: The German Quarterly L, 1977, S. 283–297.
Ritchie Robertson: The dual structure of Hofmannsthal's ›Reitergeschichte‹. In: Forum for Modern Language Studies, 14, 1978, S. 316–331.
Carl V. Hansen: The Death of First Sergeant Anton Lerch in Hofmannsthal's ›Reitergeschichte‹: A Military Analysis. In: Modern Austrian Literature, Vol. 13/2, 1980, S. 17–26.

## Zum Empiriokritizismus und zur Psychologie

Ernst Mach: Die Analyse der Empfindungen und das Verhältnis des Physischen zum Psychischen. Gustav Fischer, Jena 1886.
Richard Avenarius: Kritik der reinen Erfahrung. 2 Bde. Fues's Verlag/O. R. Reisland, Leipzig 1888–90.
Friedrich Jodl: Lehrbuch der Psychologie. 2 Bde. Cotta, Stuttgart und Berlin 1896.
Fritz Mauthner: Beiträge zu einer Kritik der Sprache. 3 Bde. Cotta, Stuttgart und Berlin 1901/02.
Ernst Mach: Erkenntnis und Irrtum. Skizze zur psychologischen Forschung. J. A. Barth, Leipzig 1905.
Hermann Bahr: Zur Überwindung des Naturalismus. Theoretische Schriften 1887–1904. Ausgewählt, eingeleitet und erläutert von Gotthart Wunberg. Kohlhammer, Stuttgart/Berlin/Köln/Mainz 1968 (Sprache und Literatur, 46).

# Editionen für den Literaturunterricht

Herausgeber: Dietrich Steinbach

## Werkausgaben mit Materialienanhang

**Wolf Biermann und die Tradition – Von der Bibel bis Ernst Bloch**
Klettbuch 35121

**Bertolt Brecht: Geschichten**
(Geschichten – Berichtigungen alter Mythen · Kalendergeschichten · Geschichten vom Herrn Keuner · Die Wendungen Me-tis)
Klettbuch 3511

**Georg Büchner: Dantons Tod:**
Klettbuch 3512

**Georg Büchner: Lenz und Oberlins Aufzeichnungen**
Klettbuch 3527

**Raymond Chandler: Zielscheibe · Heißer Wind**
Klettbuch 3517

**Alfred Döblin – Stationen seines Lebens und Denkens**
Klettbuch 35131

**Ingeborg Drewitz: Gestern war Heute – Hundert Jahre Gegenwart**
Klettbuch 3537

**Annette von Droste-Hülshoff: Die Judenbuche**
Klettbuch 3518

**Joseph von Eichendorff: Aus dem Leben eines Taugenichts**
Klettbuch 3538

**Theodor Fontane: Frau Jenny Treibel**
Klettbuch 35112

**Theodor Fontane: Die Poggenpuhls**
Klettbuch 35122

**Johann Wolfgang von Goethe: Faust · Der Tragödie erster Teil**
Klettbuch 35123

**Johann Wolfgang von Goethe: Faust · Der Tragödie zweiter Teil**
Klettbuch 35124

**Johann Wolfgang von Goethe: Geschichte Gottfriedens von Berlichingen mit der eisernen Hand dramatisirt**
Klettbuch 35125

**Johann Wolfgang von Goethe: Iphigenie auf Tauris**
Klettbuch 3528

**Johann Wolfgang von Goethe: Die Leiden des jungen Werther**
Klettbuch 3519

**Johann Wolfgang von Goethe: Torquato Tasso**
Klettbuch 35113

**Friedrich Hebbel: Maria Magdalene**
Klettbuch 3539

**Heinrich Heine als politischer Schrifsteller** (Die Nordsee · Über den Denunzianten · Aus: Deutschland – Ein Wintermärchen · Zeitgedichte im „Vorwärts!")
Klettbuch 3513

**E. T. A. Hoffmann – Ein universaler Künstler**
Klettbuch 3529

**Hugo von Hofmannsthal: Ein Brief · Reitergeschichte**
Klettbuch 35126

**Ödön von Horváth: Kasimir und Karoline**
Klettbuch 3531

**Ödön von Horváth: Italienische Nacht**
Klettbuch 3514